Von Feierbiestern und so

Für Solveig, Vigdis, Risto, Sinikka, Tinna und Riikka
Wie immer.

Dem LüttLiv in Hamburg-Barmbek, dem Synonym für liebevolle Gastfreundlichkeit. Wo es den besten Kaffee der Stadt – ach was, der Welt – gibt.

Und, natürlich, für die Leserin und den Leser.

Von Feierbiestern und so

44 Geschichten und 10 praktische Alltagsstipps

Herstellung und Verlag: Books on Demand GmbH,
Norderstedt
ISBN: 9783734787058

Umschlagfoto: Frans Brood
(G'day, mates Kylie and Katrina)

Inhalt:

Paradies

In unserer hektischen eiligen Welt mit ihrer ständigen Erreichbarkeit sind Rückzuggebiete wichtiger denn je. Orte, an denen man abschalten kann. Plätze, an denen die Seele baumeln darf. Kleine persönliche Paradiese. Fragt man jemanden nach so einem Ort, kommt in der Regel eine Antwort irgendwo zwischen dem Ballermann, Kampen oder Tulum an der Riviera Maya in Mexiko, dem angeblich schönsten Strand der Welt. Je nach Kontostand, Flugangst oder Geselligkeit. Oft wird ein Fleckchen am Meer genannt, manchmal auch eine Kneipe, was beim Ballermann irgendwie dasselbe ist. Nur ein paar wenige nennen ihren Schreibtisch im Büro, den Küchentisch der Oma oder Platz 3, Block 2B, Osttribüne in der heimischen Fußballarena.
Noch viel weniger teilen meine Vorliebe.

Ich lasse meine Seele am liebsten auf dem Klo baumeln. Es ist nicht nur einer der wenigen Plätze, an denen, ganz anderes als in der Beziehung oder dem Büro, der Erfolg an der Scheiße bemessen wird, die man macht, sondern einer der letzten Zufluchtsorte, die in einer großen Familie bleiben. Wo sonst gibt es bei 5 Kindern noch einen Freiraum, an dem man ungestört nachdenken und seine Zeitung oder ein gutes Buch lesen kann? Die Toilette ist das letzte Fleckchen Erde, an den niemand kommt, um Rat und Geld (oder beides) einzufordern oder einem die letzte Entwicklung in 50667 Köln zu erzählen.

Mein Lieblingsklo ist nicht bei uns zu Hause, auch keine x-beliebige Bahnhofstoilette oder eines dieser geschmackvollen Badezimmer in einem englischen B&B. Wobei mit stark gemustertem hochflorigem Teppichboden ausgelegte WCs für Menschen mit hoher Ekelschwelle durchaus ein intensives Gefühlserlebnis für alle Sinne bieten können. Nein, ich liebe es, auf unserem Plumpsklo in Schweden zu sitzen.

Da kann ich nicht nur die Seele, sondern konstruktionsbedingt auch die Beine baumeln lassen und Käfern beim Graben zuzuschauen. Was für ein Frieden. Besonders, wenn ich ausreichend Mückenschutzmittel aufgetragen und das jährliche Wespennest entfernt habe.

Das Utedass, wie es dort heißt, ist ein heller freundlicher Ort mit zwei kunstvoll ausgesägten Löchern über großen Eimern, deren Entleerung in mühsam zu grabende Kuhlen im steinigen Waldboden olfaktorisch einen ganz eigenen Reiz hat und immer dem neusten Gast als Inauguration gestattet wird.

Zwei Löcher, für die, die es auch an stillen Örtchen gern gesellig haben. Einem Örtchen ohne Netzempfang, mit kleinen Gardinen vor dem Oberlicht, aus dem man zur Not wie Anton Svensson nach Miiichel oder Eeeemil rufen kann, falls man einmal festsitzt und Hilfe benötigt. In einem rostigen Korb liegen abgegriffene Frauenmagazine aus dem letzten Jahrzehnt, in den erstaunlicher Weise immer dasselbe steht wie in den aktuellen Ausgaben, mit deren Erwerb der weibliche Teil meiner Familie die Tankstellenpächter vor dem Fährhafen nach Dänemark am Leben erhält.

Auf einem wackeligen Bord steht ein Strauß frisch gepflückter Wiesenblumen in einer angestoßenen Kaffeekanne und an der Wand voller Wurmlöcher hängen lustige Bilder, vielleicht vom König oder der Bundeskanzlerin, und helfen beim Drücken oder vertreiben dem Gast die Zeit, falls ihm nicht der Sinn nach Lektüre ist. In der Ecke wartet ein Reisigbesen auf meine Frau oder darauf, dass eine schwedische Osterhexe auf ihm reitet und das fröhlich angeknabberte Handtuch beweist, dass hier Mäuse oder Mukla wohnen. Für die Nacht steht eine Laterne bereit, denn Strom gibt es nicht und wenn man allein im Urlaub ist, kann man die Tür auf lassen. Das ist das Schönste: Während einem ein lauer Luftzug um den Popo wehrt und glänzende dicke Brummer brummen, geht der Blick über das wogende Gras und Felsen voller Moos. Hin zum faluroten Haus mit den weißen Kanten unter dem blausten Himmel der Welt, an dem – träge wie die eigenen Gedanken – leuchtend weiße Schäfchenwolken mit Nils Holgersson auf seiner Gans um die Wette ziehen. Es duftet ein wenig nach den dutzenden Parfümproben aus den Modemagazinen und kräftig nach Sägespänen oder frisch gemähtem Rasen und ein letzter Hauch 95 Oktan von Statoil liegt in der Luft. Aus der Küche schwebt sanft der wundervolle Geruch von Kaffee oder der im Ofen langsam vor sich hin backenden Kanelbullarn (schwedischen Zimtküchlein) meiner Frau heran. Dazu erklingt leise das alte rostige Windspiel im knorrigen Apfelbaum. Die Kühe auf der Weide nebenan muhen im Takt. Hummeln summen tief in den unzähligen Blüten wie im Duett mit dem Rauschen des Windes in der alten Eiche neben dem Schuppen. Man kann gar nicht anders, als von diesen sinnlichen Eindrücken in eine Art Trance versetzt zu werden und den Alltag zu vergessen.

Ich möchte nie wieder aufstehen.

Hier macht Verstopfung Spaß.

Einen ganz besonderen Reiz hat eine Nachtsitzung. Von der Laterne angelockte Fledermäuse oder große Falter heißen einen Willkommen und während man drückt, schweift der Blick zum überwältigenden Sternenhimmel oder folgt Reinecke Fuchs und Gevatter Dachs, die in gebührlichem Abstand über den Rasen schnüren. Nachtvögel schreien schrill und die Kühe stampfen und schnauben ein wenig furchtsam dumpf durch den Morast. Und über allem liegt der Duft der klaren schwedischen Nacht.

Jedenfalls am Anfang.

Und wenn es Winter ist und das Thermometer minus 20°C sagt. Dann verhindern die zugefrorenen Nasenhärchen, dass hinterher überhaupt was zu riechen ist. Auch vor Wespen und Mücken muss man dann übrigens keine Angst haben. Und selbst wenn der Schnee meterhoch liegt und durch das Nachthemd dringt: Was ist eine Erkältung gegen das Glücksgefühl, durch das Gestöber überhaupt den Weg zum Utedass gefunden zu haben? Ich werde zu Amundsen auf dem Weg zum Südpol, zu Michel, der Alfred durch den Schneesturm zum Arzt in Mariannelund schafft.

Ich pfeife auf Tulum.

Ich ahne, wo Astrid Lindgren ihre besten Ideen hatte.

Ich habe mein Paradies gefunden.

Ich bin Paradies-Oskar auf einer Kacktonne.

Ich bin glücklich.

Ich frage mich nur, wer das letzte Blatt Toilettenpapier verbraucht hat.

Kettenköchin

Bisher hatten wir das Koch-Talent unserer mittleren Tochter ihrem Platz in der Familie entsprechend auch mittig einsortiert. Irgendwo zwischen ihrem Großvater väterlicherseits, dessen legendäre spätachtundsechziger Schaschlikorgien mit trocknem Weißbrot und Rosentaler Kadarka noch heute Gesprächsstoff in den Plattenbausiedlungen des Hamburger Speckgürtels sind und dem Vater ihrer Mutter, der schon einmal zwanzig Minuten lang kochendes Wasser umrührt und auf Nachfrage erklärt, damit das Anbrennen verhindern zu wollen. Oder mittig auch unter ihren Geschwistern; zwischen dem älteren Bruder, der sich nach Jahren des bloßen Konsumierens endlich traut, eine in Gold aufzuwiegende Weihnachtsgans aus dem zarten Geschlecht derer von Demeter bei zu viel Oberhitze zu verbrennen und ihren kleinen Schwestern, die als Pfadfinderinnen eine gewisse Affinität zu einer Art Matschepampe aus Tofu, Käse und den sich langsam vom Kochgeschirr lösenden Anhaftungen unzähliger Großfahrten entwickelt haben.

Die Mitteltochter hatte bis vor kurzem nur ein Standardgericht, das trotz schmackhafter Variationen nicht den Schluss zuließ, dass sie meine frühere Aussage, es gäbe keine großen Köchinnen, sondern nur Köche, widerlegen könnte: Entweder bereitete sie Spaghetti mit weißer Sauce zu oder Spaghetti Carbonara. Manchmal auch weiße Schinkensauce mit Nudeln. Kredenzt je nach Grund für den akuten Anfall fürsorglicher Hausfraulichkeit an einer wunderbar gedeckten Tafel oder im Stehen in der Küche.

Letzteres, wenn das Kochen nicht einem inneren Antrieb entspringt, sondern eine elterliche Bitte darstellt. Anders sieht es aus, wenn sie ganz konkrete Gründe dafür hat, uns Eltern durch eine fettige Eiernudelspeise mit Speck und Sahne in einen pumperlrundzufriedenen Zustand zu versetzen, der dazu führt, dass unsere Denkfähigkeit durch das körperliche Abpumpen von Ressourcen aus dem Gehirn in den Verdauungsapparat merklich nachlässt. In diesen Momenten wird uns dann der wochenlang sicher in der Schultasche verwahrte Zettel des Lehrers (der mit dem Hinweis: Wichtige Information an die Eltern!) vorgelegt und wir erfahren eher unangenehme Neuigkeiten wie zum Beispiel den bereits morgen zu zahlenden Zuschuss zu einer Klassenfahrt, die ja heute nicht mehr in die schöne Holsteinische Schweiz, sondern nach Rom oder in eine andere ewig teure Stadt führen muss. Oder wir werden um Gefälligkeiten gebeten: Der Bund spannt gemütlich, man lehnt sich nudeldickesatt zurück, ein angenehmer Nachgeschmack von Pesto umschmeichelt den Gaumen und schon haben wir zugesagt, sie um Mitternacht zur Party auf den Kiez zu fahren oder ihr Geld zu leihen, obwohl sie das Taschengeld bis zu ihrem dreiundvierzigsten Geburtstag bereits in Stiefel, Topps oder den lokalen Pizzaservice investiert hat.

Manchmal sind es aber auch lediglich reine Beschwichtigungsessen. Sie können sich vorstellen, wie fettig die Mahlzeit und wie schön der Tisch an dem Tag gedeckt war, als sie es als eines der wenigen mir bekannten Mädchen fertig gebracht hatte, schon weit vor dem Erwerb des Führerscheins unser Auto kaputt zu fahren. Gut, ich war selbst ein wenig Schuld oder hatte zu großes Zutrauen in ihre Fahrkünste. Aber auf schwedischen Waldwegen hatte sie ihre Sache immer sehr gut gemacht, sich trotz 0,5km/h Durchschnittsgeschwindigkeit angeschnallt und nach Schulterblick & Co. vorschriftsmäßig geblinkt, wenn es hieß, um einen Frosch, eine tote Maus oder ein Schlagloch herumzufahren. Deshalb traute ich es ihr ohne weiteres zu, unseren Wagen in der Einfahrt nach Hinten zu versetzen, damit ich besser an unseren Briefkasten voller schöner Rechnungen gelangen konnte.

Nach der optischen Begutachtung der sicherheitsrelevanten Teile (Beleuchtung, Reifenprofil, Verbandskasten) konnte die Fahrt also direkt nach der Ölstandskontrolle, dem Anschnallen und der Überprüfung der Frisur beginnen. Ich blieb in der Nähe, denn die Strecke von 100 Zentimetern sollte nicht allzu lange dauern.

Sie lächelte mir noch einmal zu und gab kräftig, ausdauernd und geräuschvoll Gas. Dabei rührte sie noch etwas im Getriebe umher, dass es nur so knirschte. Als die stocktauben Nachbarn an die Fenster traten, hätte ich bereits stutzig werden sollen. Ich verkniff mir gerade mit hochgezogenen Augenbrauen eine launige Anmerkung (das hat die Mitteltochter nicht so gern), als sie abwinkte, den Rückwärtsgang und die Kupplung fand – und abschoss wie eine Rakete. Ihr Gesicht mit einem Ausdruck zwischen Verzweiflung und Erstaunen wischte an mir vorbei. Der geplante Meter verging wie im Fluge und tatsächlich hob der Wagen Sekunden später ab, denn sie hatte es geschafft – wie ist bedeutenden Physikern und mir bis heute ein Rätsel – auf den großen Feldsteinen, die rund um unser Haus liegen, zur Landung zu kommen.

Da hing sie dann, blass und das Kopfschütten des Automechanikers vorwegnehmend, der Tage später ratlos vor dem Schaden stand und fragte, wie man so etwas denn hinbekommen und ob er Fotos davon auf dem nächsten Treffen des „Zentralverbands Deutsches Kraftfahrzeuggewerbe e.V." verwenden dürfe. Wie gesagt: Das Essen an diesem Tage war besonders kalorienreich und der Tisch außergewöhnlich liebevoll gedeckt. Silberbesteck statt Plastik, Stoffservierten statt Zewa, Wein statt Wasser!

Neuerdings aber hat sich etwas geändert. So wie es inzwischen Frau Poletto, Sarah Wiener oder Antje Bröhl verstehen, sich im Küchendschungel gegen Tim Mälzer und Jamie Oliver zu behaupten, hat unsere Tochter ihre Bandbreite über Carbonara hinaus erweitert. Zunächst zwar nur für sich selbst, aber immerhin ist das ein Anfang.

Sie ist Kettenköchin geworden. Das ist deutlich angenehmer als Kettenraucher, auch wenn der Geruch eingebrannter Milch einem Besuch im Zimmer unseres rauchenden Sohnes nur wenig nachsteht.

Die Mitteltochter kreiert neuerdings Menüs, die sich ganz progressiv nicht an einer überkommenen zeitlichen Einteilung wie Vorspeise, Hauptgang und Dessert orientieren, sondern alle Elemente zufallsartig vereinen.

Das fängt dann so an, dass sie von der Leibesertüchtigung oder ihrem Freund nach Hause kommt, uns liebevoll die nach Zirkeltraining müffelnde

Sporttasche in das Wohnzimmer knallt, die Schuhe auf den Haufen mit den anderen nicht weggeräumten Schuhen stapelt, sich mittels einer kurzen Umarmung unserer Zuneigung versichert, nur um uns daraus in einer fließenden Bewegung aus dem Weg zu drücken: Sie hat Hunger.

„Mach dir doch Smacks", schlugen wir ihr kürzlich in unserer Einfalt vor, doch ihr stand der Sinn nach Lasagne.

Ausnahmsweise sollten wir Eltern keine Arbeit haben. Sie wollte selbst kochen. Außerdem stand ihr Sinn danach, später von uns zur Fahrstunde gefahren zu werden. Deshalb heißt die Fahrstunde ja schließlich so: Weil Mama Taxi eine Stunde fährt, damit sie 45 Minutenlang etwas über Kupplung, Bremswege und die privaten Sorgen des Fahrlehrers lernt. Meiner hatte zum Beispiel ein Problem mit Lehrern als Fahrschüler und mit Tauben. Warum, erfuhr ich nie. Ich sollte sie immer überfahren (also die Tauben, nicht die Lehrer!), doch das gelang nie und ärgerte ihn maßlos. Wahrscheinlich stand ihm der Sinn nach einem kleinen Snack: Für den kleinen Hunger zwischendurch: Müller-Milchreis Taube… oder was?

Zurück zu Lasagne. Die drei großen ‚E' werden mit einer lässigen Handbewegung abgetan. EEE? Etwaige elterliche Einwände: Haben wir überhaupt Nudeln im Keller? Denke daran, dass das Hack erst auftauen muss. Die Abfälle gehören in den Müll! Und vergiss bitte hinterher den Abwasch nicht.

Besonders die letzte Bitte wird in der Regel mit einem giftigen Blick quittiert, der an sich sogar schon den hartnäckigen Schmutz vom Pfadfinder-Kochgeschirr ihrer Schwestern lösen könnte. Als ob sie schon einmal den Abwasch hätte stehen lassen. Nun, ich möchte es einmal so sagen: Rissige Spülhände hat sie nicht gerade und das liegt weder an der guten Pflege mittels der Handcreme, die ihre Mutter gern einmal verzweifelt sucht oder daran, dass wir eine Spülmaschine hätten.

Die Tochter begann also mit der Herstellung einer Lasagne. Der Ofen wurde vorgeheizt, Hack aus dem Kühlfach entnommen, ein Topf auf den Herd gestellt. Doch plötzlich meldete sich ihr Magen durch ein vernehmliches Knurren oder es dämmerte ihr, dass sie nach zu spätem Essen nicht schlafen kann. (Obwohl das, rückwirkend gesehen, Unsinn ist, denn nachts schläft unsere Mittlere nicht. Spätpubertierende sind ja bekanntlich wie Schichtarbeiter, Heimchen oder Eulen nachaktive Lebewesen. Sie schläft also vormittags und kommt deshalb zum Frühstück nur mürrisch und ungeschminkt angeschlurft, quält sich ein halbes Brötchen rein, schnauzt wahlweise uns Eltern oder die Geschwister an und hat anschließend kaum noch Kraft zum Tischabräumen. Mit den Worten „kann jetzt nicht helfen, muss noch schlafen" verschwindet sie dann für die nächsten Stunden im Bett.)
Es musste also alles schneller gehen. Ihr schwante, dass die Zubereitung ihrer italienischen Spezialität Zeit in Anspruch nehmen würde. Zeit, die eigentlich schon verplant war. Chat-Kollegen warteten im Netz, Freunde brauchten sie im Facebook, in Berlin wurde Tag zur Nacht.

Was nun?

Ein Zwischensnack war die Lösung. Also wieder in den Keller. Im Tiefkühlschrank kämpfte noch eine letzte Pizza gegen den Gefrierbrand, wohlig umhüllt von bunten Pappen und blassen Folienknäueln. Pizza-Kartons werden von unseren Kindern aufgrund bisher unerforschter Befindlichkeiten nie entsorgt. Neulich habe ich meine Frau gefragt, warum sie die Alt-papiertonne in den Keller gestellt habe. Das wäre nicht die Tonne, hatte sie geantwortet, sondern der Tief-kühlschrank, ihr käme da aber eine Idee (wir hatten damals einen langen und kalten Winter): Wie wäre es, wenn wir die Pizza gleich in der blauen Altpapiertonne lagern? Das würde uns viel Arbeit ersparen.

Leider mussten wir den Vorschlag verwerfen, weil es den Kindern nicht zuzumuten ist, die Plastikfolie der Pizzen in die gelbe Wertstofftonne zu tun und wir beim immensen Pizzakonsum unserer Kinder damit das gesamte deutsche Papierrecyclingsystem durch Tonnen von Folie zum Zusammenbruch bringen würden.

Wenig später garte also die Pizza im Ofen.

Aber auch das ging nicht schnell genug.

Folglich holte sie Butter, Aufschnitt und Salat hervor und packte zwei Toasts in den Toaster.

Unsere schwächelnde Stromversorgung aus den fünfziger Jahren des letzten Jahrhunderts meldete sich mit ersten Spannungsschwankungen zu Wort.

Unser Toaster ist zwar schnell, aber nicht schnell genug. Ihr Blick irrte umher - und fiel auf eine Tüte mit Brötchen, die ich mir zum Frühstück gekauft, aber in der Firma doch nicht gegessen hatte.

„Darf ich?" lautete ihre proforma gestellte Frage, während sie das erste Brötchen bereits aufschnitt. Um dann festzustellen, dass ihr das alles viel zu lange dauern würde und sie sofort etwas zum Essen bräuchte. Also nahm sie eine Schüssel, füllte Smacks ein, goss Milch darauf und verzog sich mit der Schüssel in ihr Zimmer an den Laptop. Die Kette war geschlossen.

Hatten wir Eltern das nicht gleich…

Rumms. Die Tür war das letzte, was wir an diesem Abend von ihr hörten. Der Ofen heizte für die Lasagne vor, ein Topf glühte auf der Platte, während gleichzeitig die Pizza aufblühte. Im Toaster kühlte langsam der Toast und das Brötchen trocknete von Innen aus wie ein afrikanisches Bachbett nach der Regenzeit.

Und getreu dem Motto „Nur nichts umkommen lassen", bereiteten meine Frau und ich die Speisen zu Ende zu und saßen später am Abendbrottisch, obwohl eine zu späte Nahrungsaufnahme Gift für uns ist und wir eigentlich gar keinen Hunger hatten.

Wer den Abwasch gemacht hat?

Na, dreimal dürfen sie raten.

Unsere Tochter? Nein.

Unsere Tochter? Nei-ein. (Bitte strengen sie sich an!)

Wir?

Natürlich!

Und die Begründung unserer Tochter war einleuchtend:

Bewegung tut euch gut: Ihr könnt ja nach spätem Essen sowieso nicht so leicht einschlafen.

Stimmt!

Ob wir sie nicht noch zur Party in die Innenstadt fahren wollen?

Klar. Und so gut denken können wir nach spätem Essen eben auch nicht.

Pauli

Was wohl mit den vielen Gläsern passiert, die morgens an Sonnabenden oder Sonntagen auf St. Pauli herumstehen und den erstaunten Betrachter das Gefühl vermitteln, ins schwedische Glasreich geraten zu sein und nicht in das Amüsierviertel Hamburgs. Ob sie von den Mitarbeitern der Stadtreinigung eingesammelt werden und sich die Müllmänner daran eine goldene Nase verdienen oder die eigenen Küchenschränke damit auffüllen? Kommen Billy oder Barbro oder sonst wer von IKEA, um die Ladenregale damit günstig zu bestücken? Ingvar Kamprad soll ja ein rechter Geizhals sein. Oder beschäftigen die Barbesitzer auf dem Kiez studentische Hilfskräfte, die morgens durch die Straßen rund um die Reeperbahn ziehen, um die unzähligen Gläser einzusammeln, die Kneipen- und Clubbesucher auf Fenstersimsen, Verteilerkästen oder Autos haben stehen lassen, weil sie rauchen wollten und das aufgrund des Passivraucherschutzgesetzes an der Bar nicht durften? Die Kneipiers laufen womöglich nicht Sturm gegen das Rauchverbot, weil ihnen Gäste wegbleiben, sondern weil die Gäste zum Rauchen nach draußen gehen, dabei ihr Getränk mitnehmen und die Gläser dann nicht zurückbringen. Ein Sturm ums Wasserglas, sozusagen.

Diese Gedanken gehen mir durch den Kopf, während ich meiner Tochter an einem sonnigen Morgen beim Umzug auf den Kiez helfe. Die Frühsonne spiegelt sich in mehr oder weniger sauberen Gläsern unterschiedlichster Formen und Farben, ein quietsch-buntes Potpourri, das Gehwege, Hundeabtrittflächen und Schaltkästen bedeckt. Wer nicht übermäßig

etepetete ist: Ein kleiner Rausch ist so immer noch drin.
Inklusive Kippenstummel für ein gelungenes
erstes Frühstück.

Vom Fluss dröhnt der sehnsuchtsvolle Ton aus dem
Typhon eines Kreuzfahrers und schwappt langsam und
tief wie eine Flutwelle die Davidstraße hinauf. Die Tür
zur Maria-Bar öffnet sich und entlässt einen letzten
Gast in den frühen Morgen. Der Mann blinzelt in die
Sonne und geht dann vorsichtig, mit verschränkten
Armen und gesenktem Kopf an einen Mönch erinnernd,
die Hopfenstraße entlang. Dann und wann bleibt er
stehen und bückt sich nach Dingen, die dort nicht
liegen und vermutlich nie gelegen haben. Ein
Betrunkener junger Mann schwankt ihm entgegen, für
einen Moment scheint der Zusammenstoß
unvermeidlich, doch dann treibt ihn ein Torkler im
rechten Moment genau in einen Hauseingang hinein.
Der Mann nutzt die Gelegenheit zum konzentrierten
Studium der Klingelknöpfe, doch scheinbar ist es nicht
das richtige Haus. An der Wand Halt suchend wie
Kuddel Daddeldu an der Reling bei schwerer See, tritt
er wieder auf den Gehweg, wischt ein paar leere
Biergläser von einem Mauervorsprung und probiert,
aufrecht in den nächsten Eingang zu gelangen, wo er
erneut die Klingeln absucht, ehe er weiter
kopfschüttelnd von Treppenhaus zu Treppenhaus zieht.
Ein Mann, der nicht findet, wonach er sucht. Ich spürte
ein schwaches Mitgefühl, einen Anflug von
Verständnis und wünsche ihm viel Glück, während er
sich langsam im Morgendunst auflöst.

Dann ist meine Pause vorbei. Ich schultere einen Karton und mache mich auf. 4 Etagen, kein Fahrstuhl. Im Hauseingang sieht es aus wie im Fundbüro am Tag der Fahrradauktion. Auf der Straße darf man nichts stehen lassen, deshalb wechseln wir uns mit der Wache ab. Wer hier alte Möbel entsorgen will, der muss nicht zum Recyclinghof fahren oder den Sperrmüll-abholdienst beauftragen; man stellt sein altes Bett oder die Kommode einfach vor das Haus und ein paar Minuten später ist sie in neuen Händen. Aber Vorsicht: Fahrräder gelten auf St. Pauli als zur Mitnahme berechtigte Sitz-Möbel. Zumindest die, von denen niemand den Sattel abmontiert hat.

Nachdem ich meinen Karton, eine Lampe aus Schweinehaut und ihren Persianer in die vegane Wohngemeinschaft meiner Tochter gewuchtet habe, nehme ich bei einem Schinkensandwich und kaltem Milchkaffee aus einem Thermobecher meinen Wachdienst wieder auf. Die Raute auf meinem HSV-Trikot glänzt im Sonnenschein, während mich von Hauswänden, Autos und Laternen unzählige Pauli-Totenköpfe voller Toleranz gegenüber dem Andersgläubigen anstarren und mich daran erinnern, eigentlich in Feindesland zu sein. Irgendwo läuten Kirchenglocken. Der Mönchartige kommt suchend zurück und als sich die Tür der Maria-Bar wieder öffnet, hoffe ich, der Papst würde mit einer protestantischen Prostituierten im Arm heraustreten, doch es ist ein dicker Farbiger, der fröhlich pfeift und mit einem Schrubber einen kleinen Tanz hinlegt.

Die Straße erinnert an einen Nordseestrand nach schwerem Weststurm. Überall liegen die Überreste der Nacht wie überbordgegangene Schiffsladung oder von

Deck gespültes Arbeitszeug der Fischer. Gläser, Flaschen, Bretter, Handschuhe und Stiefel. Handtücher, Waschlappen, Kartons mit unbekanntem Inhalt. Es lockt mich magisch, das Strandgut aufzuheben; ich freue mich über jeden Fund wie ein Kind, aber nicht wie meine Kinder, die mich angewidert und lautstark ermahnen, die Finger von dem Dreck zu lassen. Im Alter kehrt sich alles um, denke ich, und meine Mutter kommt mir in den Sinn, die vor ihrem Tod gepflegt und gefüttert werden musste wie ein Baby.

Ich überlasse den Wachdienst meinem Sohn und folge dem Mönch in Richtung Davidstraße. Ein gelber Camaro blubberte mit seinen 6 Litern V8 auf die Reeperbahn zu. Gegenüber lockt die Sichtblende der Herbertstraße. Als wenn ich verbotene Früchte naschen will, luge ich um die Ecke in die für Besucherinnen nicht erlaubte Gasse. Als Jugendlicher war ich einmal hindurchgegangen und hatte vor lauter Herzklopfen gar nichts gesehen. Jetzt bin ich nicht mehr aufgeregt, schon gar nicht erregt, aber ich sehe auch diesmal nichts, da keine Prostituierten da sind. In den Schaufenstern versprechen leere, überdimensionale Barhocker mit ordentlich zusammengelegten Badelaken kuschelweiches Vergnügen. Aber halt:

Aus einem Hauseingang sticht ein Profil hervor. Der gewaltige Busen einer Frau in einem rosafarbenen Pullover. Vor ihr steht ein Mann, der mir aus dem Tal zwischen den Brüsten zuruft, dass "hier geöffnet und noch eine wäre". Ich winke dankend ab und wundere mich über die Reinheit des Pflasters. Kein Glas, kein Papier, kein Dreck. In dieser Frauenwelt mit Verbot für Frauen achtet man auf Sauberkeit.

Zurück an meinem Auto kann ich den lautstarken Streit eines jungen Pärchens verfolgen, der durch die ganze Straße hallt. In einem Buggy schreit ihr Kind und sieht seinen Eltern traurig dabei zu, ihre Ehe zu retten. Es ist gut, sich auszusprechen, auch wenn es ein ganzer Stadtteil hört. Ein Polizeiwagen patrouilliert langsam vorbei. Ein bärtiger Mann mit Gitarre und sein Kumpel scheinen auf dem Weg zum morgendlichen Gig. Sie sehen aus wie Schweden und werden bestimmt bald auf YouTube zu sehen sein.

Wieder tönt ein Schiffshorn. Eine Taube gurrt. Glas klirrt.

Ein Fahrradfahrer versichert voller Inbrunst, dass Gott mit mir sei. Na denn.

Zeit zu gehen. Es ist fast schade, als der letzte Karton oben ist, doch viele Besitztümer hat meine Tochter nicht. Schon gar kein Geschirr.

Das findet sie auf der Straße vor ihrem Haus.

Und alles andere, was Leben ausmacht.

Angeln ist Silber, Schweigen ist Gold

Ich habe immer gedacht, wenn mein Vater und *ich* unterwegs waren, ging es schweigsam zu.

Da konnte man schon einmal von Hamburg nach, sagen wir mal, Dortmund fahren, ohne dass ein einziges unnötiges Wort fiel. Da die Strecke klar, der Regen kräftig und die Blase entleert (und vor allem männlich war), gab es keine Notwendigkeiten oder Pinkelpausen. Also schwiegen mein Vater und ich. Das mit den Pinkelpausen muss ein weibliches Gen sein: Wenn ich heute mit meinen Frauen unterwegs bin, müssen wir alle zwei Stunden bei „Tank und Rast" einkehren und dort Toilettengutscheine wie andere Leute Sammelbilder horten. Wenn Panini schlau wäre, würden wir Männer nicht nur während einer Fußballwelt- oder Europameisterschaft dem Sammelwahn verfallen, sondern auch in der großereignisfreien Zeit. Ein WC-Gutschein mit dem Bild von Messi oder Ronaldo würde den Halt in Buddikate-West oder Allertal-Ost nicht nur für Männer attraktiv machen, sondern dem italienischen Sammelbildimperium, wie auch den Autobahn-raststätten, Geld im wahrsten Sinne des Wortes ins Portemonnaie spülen.

Heute wird der aus männlicher Sicht völlig unnötige Stopp natürlich vorher wortreich angekündigt und besprochen. Wer mit wem auf Toilette geht (Männer machen das, wenn überhaupt, allein!), was man kaufen möchte und so weiter. Damit heißt es: Ruhe ade. Wenn man die mit Frauen im Auto denn jemals hatte. Das Schweigen mit meinem Vater war nicht unangenehm.

Höchstens gefährlich, weil Fahrer und Beifahrer Gefahr liefen, bei monotonen 120 auf Flüsterasphalt friedlich einzuschlafen. Heute bewahrt uns ja die praktische Erfindung von allerlei Zubehör wie Mobiltelefonen und Navigationsgeräten davor. Man glaubt gar nicht, wie wach man wird, wenn auf der norwegischen Panoramastraße der Vater am Lenkrad unbedingt die Ansagestimme des Navis von Mann zu Frau ändern oder einen anderen Klingelton wählen muss, während der tausend Meter tiefe Abgrund zum Fjord bedrohlich näher kommt oder man die Augenfarbe des Gigaliner-Fahrers auf der Gegenfahrbahn deutlich erkennen kann. Auch ohne diese kleinen Intermezzi waren die Fahrten mit meinem Papa schön.

Man kannte und verstand sich, wie Vater und Sohn sich eben so verstehen. Es war wohl lange nach der Pubertät, die Zeit der Donnerwetter war vorbei wie auch die Phasen, in denen man sich als Sohn gelegentlich einzureden versucht, nie so zu werden wie der Alte, nur um Jahre später ganz fürchterlich zu erschrecken, wenn man erste Ähnlichkeiten feststellen muss. Es ist ein schleichender Prozess, wie Haarausfall oder graue Strähnen. Das können kleine Gesten oder Bewegungen sein, überhaupt nichts Besonderes für den Außenstehenden, ein Windhauch, und doch, wenn man es bemerkt, für einen selbst eine Art Gewitter, grell wie der Blitz, laut wie der Donner. Bei mir fing es damit an, dass ich Krümel vom Tisch mit derselben energischen Handbewegung entfernte wie man Vater. Dann erschrickt man und zuckt wie zu Beginn eines Unwetters, doch über die Jahre arrangiert man sich mit den Ähnlichkeiten und wird lockerer, bis irgendwann die eigenen Kindern bemerken: So wie du will ich nie werden.

Dass ausgerechnet Schweigen auch so eine Sache sein kann, so ein donnerndes Wiedererkennen, habe ich erst in letzter Zeit erfahren. Auch mein Sohn und ich fahren gern Auto. Nicht in das Ruhrgebiet, sondern nach Schottland, durch Schweden oder in andere Gegenden, in denen man nicht nur ohne amtliche Fischerprüfung angeln darf, sondern die einen wegen der Landschaft mit offenem Mund staunen und somit verstummen lassen.

Fahren wir nicht Auto, angeln wir (mäßig erfolgreich). Eigentlich zeichnen sich Angler durch eine konzentrierte Ruhe aus, die fast wichtiger als das Fischen selbst scheint und die erst nach dem großen Fang durch eine linear zum Angelerfolg potenzierte Redseligkeit abgelöst wird. Damen, aufgepasst, meiner ist 30 Meter lang, möchte man in Erinnerung an die lustigen Schilder auf LKWs denken, wenn der Hecht länger wird, als die Arme zeigen können und dieser englische Flussmonsterjäger auf DMAX vor Neid erblassen würde. Und dann erst der Drill. Der geht grundsätzlich über Stunden, wird entsprechend minutiös geschildert, mit Schnurgeben, kämpfen lassen und kurbeln, was das Handgelenk aushält.
Alles Blender!
Wir befördern die Hechte eher unspektakulär aus dem See. Natürlich Riesendinger, bei denen der Wasserstand nach dem Herausholen leicht absinkt. Biss, Anziehen. Kurbeln. Das Anglerlatein weiß von Keschern, groß wie Boote, wahrscheinlich aus Kevlar, weil die Biester

so schwer sind und normale Netzte zerreißen, doch wir werfen den Hecht mit elegantem Hüftschwung einfach an das Ufer. Rumms. 6,5 auf der Richterskala. Fertig. Manchmal sogar dort, wo der Rest der Familie, nur ein paar Schwimmzüge entfernt, nichts ahnend planscht, was beim Blick auf das Gebiss eines solchen Fisches, das natürlich riesig, rasiermesserscharf und brand-gefährlich ist, dazu führt, dass die Kinder dort nie mehr ins Wasser springen wollen.

Was nicht schlecht für den Angler ist, der ja in erster Linie seine Ruhe will, denn Angeln ist bekanntlich Silber und Schweigen das Gold.

Kürzlich, an unserem See in Schweden, in einem schwachen Augenblick, durchbrach ich die Stille, unter der wir, der Dauer einer Fahrt von Hamburg nach Dortmund entsprechend, mit den Tücken wider-spenstiger Posen, sich windenden Würmern und Heer-scharen vogelgroßer Mücken gekämpft hatten.

„Hast du schon was?"

Verblüfft sah mich mein Sohn an. So einen Wortschwall hatte er lange nicht von mir gehört. Ich merkte, dass in seinem Kopf etwas in Gang gesetzt worden war und schon zwei Stunden später antwortete er gedehnt:

„Einen."

Dann schwiegen wir und verdauten beide die Menge an Information, ehe ich gegen Sonnenuntergang antwortete: „Immerhin einen", nur um, scheinbar völlig außer Rand und Band, draufzusetzen: "Was will man mehr?"

Als das Licht ganz verschwunden war, Fledermäuse über den See zogen und unheimliche Geräusche aus dem nachtschwarzen Wald drangen, meinte er endlich: „Zwei."

Ja, es geht eher ruhig zu, wenn der Vater mit dem Sohne angelt. Fast so, wie auf den Fahrten mit meinem Papa nach Dortmund.

Tipp 1: Leertaste

Stellen Sie sich einen Schneesturm vor. Sie können nicht aus dem Haus oder noch schlimmer: nicht aus dem Büro. In der Teeküche nur sinnlose Gewürze, eingetrocknete Milchportionsdöschen und Kaffeepads. Dann kann die Leertaste ihres PCs die Rettung sein. Hebeln sie sie einmal hoch. Sie werden nie mehr verstehen, warum die Taste „Leertaste" heißt, denn ihrem Namen macht sie keine Ehre. Ganze Schätze verstecken sich darunter, die mögliche Rettung vor dem Verhungern. Und wenn sie alles aus allen Leertasten ihrer Firma zusammentragen, ergibt das eine schöne nahrhafte Mahlzeit. Eine Art Rumkugel oder Fleischwurst des Büros, das Ü-Ei des IT-Zeitalters: Was Überraschendes, was Leckeres und was zum Basteln, denn aus den Haaren können sie sich ein prima Augenbrauentoupet oder eine Igelperücke für den nächsten Fasching basteln.
Zeit genug haben sie ja im Büro.

Messi mit e

Die Unsitte, immer mehr Dinge herumliegen zu lassen oder Abfall achtlos in die Gegend zu werfen, anstatt etwas wegzupacken oder in den Müll zu tun, greift um sich. Ich bin ein großer England-Fan, aber dem Dreck, der dort mancherorts durch die Straßen weht wie Tumbleweed in Hollywood-Western, kann ich nichts abgewinnen, auch wenn Müll durchaus positive Seiten haben kann: Ich erinnere mich an wunderbare Strandwanderungen mit meiner Familie an der Nordsee, durch gummistiefelhohe Gemenge von Strandgut, Holz, Flaschen, Tampen, bunten Bojen oder Fischkisten, bei deren Anblick man sich fühlte wie ein Strandräuber oder wenigstens Robinson Crusoe bei der Ausstattung seiner Behausung. Es war herrlich, allen Ölklumpen zum Trotz. Dagegen ist der Abfall an unseren Straßenrändern die unterste Stufe der Müllnahrungskette; er beinhaltet nichts Sammelwertes und trägt leider nicht einmal visuell dazu bei, dass ich mich in Deutschland so wohl fühle wie auf der britischen Insel. Im Gegenteil: Die Selbstverständlichkeit, mit der Leute ihren Dreck aus dem Auto werfen, macht mich zunehmend aggressiv - ein Charakterzug, der mir neu ist und demnächst dazu führen könnte, dass ich den BMW-Fahrer vor mir aus seiner tiefergelegten Schwanzverlängerung ziehe und (wie den Pit-Bull auf dem Rücksitz in seinen Kot) mit der Nase in die McDoof-Tüte stoße, die er gerade aus dem Fenster entsorgt hat. Wie mag es bei diesen Leuten wohl zuhause aussehen? Sind sie da ganz ordentlich und verpassen dem kleinen Kevin oder der Chantale gepflegt Eine, weil die beiden wieder ihre leeren Fruchtzwergepackungen und Cola-Dosen vor der Wii haben herumliegen lassen?

Oder sind diese Menschen auch dort tatsächlich jene Messies, die jenseits des FC Barcelona momentan Hochkonjunktur haben: Keine Tag ohne eine neue Zeitungsnachricht über einen noch schlimmeren Fall der Müllverwahrlosung in der Hochhaussiedlung oder eine noch dramatischere Reportage über ein von Tine Wittler aufgepäppeltes Messie-Haus auf RTL.

Bis vor kurzem dachte ich, "Messie" wäre nur eine Mode, eine moderne Bezeichnung für das, was man früher umständlicher mit Unordnung und Schmuddeligkeit beschrieben hat, etwa so, wie jeder heute Alzheimer hat, der mal etwas vergisst, während früher die Leute alt und etwas tüttelig waren. Seit in der Nachbarschaft ein schmuckes, immer sehr ordentlich wirkendes Einfamilienhaus abgebrannt ist, weil sich der bis unter die Decke stapelnde Müll entzündet hatte, beginne ich zu zweifeln.

Jetzt habe ich vergessen, was ich sagen wollte.

Ach so, es geht um die leeren Packungen des Kopier-papiers oder verbrauchte Tonerkartuschen im Büro, um Einwegverpackungen an der Autobahn oder Coffee-to-go-Becher im Bus. Es geht um Menschen, die den Wert von Mülltonen vergessen haben, obwohl sie doch täglich mit Mülltrennung oder Wertstofftonnen (sic!) konfrontiert werden. Doch ich muss gar nicht in die Ferne schweifen, denn das Gute liegt so nah: Messie steckt an und auch die jüngeren Mitgliedern meiner Familie sind infiziert. Wer weiß, was die Zeitungen über uns schreiben würden, falls es einen Einsatz der

Feuerwehr gäbe. Eines ist klar: Die Kinderzimmer ließe ich lieber kontrolliert ausbrennen, als dort Feuerwehrleute hineinzulassen.

Ob Kronkorken und Zigarettenstummel im Garten, Deckel von Pfandflaschen im Wohnzimmer, leere Wurstblister im Kühlschrank, Pizzapappen im Keller, Klopapierrollen im Bad, Fußnägelhaufen auf dem Bett oder leere Batterien in der Obstschale: Der Gang zum Mülleimer oder in den Waschkeller scheint zu lang, zu weit, zu gefährlich. Man könnte umknicken, ein Handgelenkstrauma oder einen Burn-out erleiden, einem Fusselmonster begegnen, sich verkühlen sowie das nächste Like-it auf Facebook verpassen. Also lässt man es bleiben.

Manchmal, in milden Momenten, glaube ich, dass sie es nicht aus Faulheit unterlassen, sondern (wenn schon nicht als Dankeschön für die tolle Zeit am Strand) damit ich erstens etwas zu meckern (Dampfablassen befreit) und zweitens etwas zu tun habe (ich liege ja den ganzen Tag auf der faulen Haut, während sie mit diametralem Interesse den Lehrern oder den Kommissaren von K11 bei der Arbeit zuschauen müssen, was sie ganz schön anstrengt). Und mir drittens immer wieder vor Augen geführt werden soll, wie unverzichtbar ich für die lieben kleinen Hotel Mama-Gäste bin (Handtücher auf dem Boden, leere Duschmittelpackungen auf dem Wannenrand, gebrauchte Rasierklingen im Waschbecken). In diesen milden Momenten, die ein wenig den Duft der Kinderliebe einer Astrid Lindgren verströmen, hoffe ich, dass meine kleinen Goldschätze einfach nur gut zu mir sind und mir lediglich das Gefühl vermitteln wollen, wichtig zu sein sind. Auch wenn es nur darum geht, Dinge in die Mülltonne zu entsorgen. (Meine Frau erträgt mit ihrer buddhistischen, aus zwischen Buchrücken gepressten tibetischen Weisheiten gestählten Ruhe das Chaos beneidenswert klaglos. Ich tippe mal: Der Dalai Lama muss Kinder haben.)

Leider scheint auch meine Frau nicht komplett immun gegen den Messie-Virus zu sein. Oder warum lässt sie, sonst extrem sauber und recht ordentlich, überall ihre Zahnseide liegen? Benutzen sie Zahnseide? Wenn sie eine Frau sind vielleicht; als Mann eher nicht: Männerhände sind nicht dafür gemacht, verrenkt in Männermündern zu verschwinden, um winzige Fäden durch Karius und Baktus zu ziehen (so wie Männer auch ihre Zähne nur sabbernd über dem Waschbecken putzen können, während Frauen schon als Mädchen schrubbend und bürstend durch das ganze Haus gehen und dabei allerlei Tätigkeiten vornehmen können, ohne auch nur einen einzigen Tropfen Pasta und Speichel zu verkleckern).

Meine Frau könnte also Colgate-klecksfrei während des Zähneputzens die Steuererklärung machen, aber hinterlässt im Bad, in der Küche oder im Auto eine Spur kleiner weißer Würmer, die eben noch durch den Zahnzwischenraum gezogen, sich im Waschbecken, auf dem Boden oder dem Armaturenbrett lustig ringeln.

Daumen runter, sach ich mal, obwohl man das gar nicht mehr sagt. Was tun? Ertragen? Yoga? Wut? Die Reinkarnation von Thubten Gyatsho um Hilfe bitten? Nein, querdenken ist angesagt.

Als Jugendlicher habe ich mir mal einen Pullunder gestrickt (für einen Pullover hat es nicht gereicht - die Ärmel waren mir zu kompliziert). Ich werde, ganz in der Tradition meines Jugend-Idols Mac Gyver, aus einer Klopapierrolle, einem Flaschendeckel und zwei oder drei Fußnägeln ein Spinnrad bauen, dann "Stricken für Anfänger und Auffrischer" an der Volkshochschule belegen (läuft bei Friederike Dr. Warnatsch-Gleich gleich nach dem Kurs "Waldorf-Puppen selbst genäht" mit Elektra Polychronidou) und mir schließlich aus der Zahnseide ein Hemd stricken. Ein Arbeitshemd, um korrekt gekleidet zu sein, wenn ich die Putzdienste für meine kleinen Lieblinge ausführe. Und auf den Rücken lasse ich mir die Nummer 10 des FC Barcelona drucken. Messie mit e wie Entsorger. In kräftigen Lettern aus recycelten Wurstblistern.

Dialog im Dunkeln

Die Dämmerung ist fast vorbei und es riecht nach Winterdiesel, Baumharz und billigem Glühwein. Der eisige Ostwind treibt den Regen in den Nacken. Kinder schreien, Männer fluchen und rostige Bügelsägen singen das alte Lied der Taiga. Wenn man die Augen zusammenkneift, fühlt man sich irgendwo am Polarkreis, vielleicht in einem milden sibirischen Sommer zur Wodka-Ernte auf dem Gelände der ehemaligen Tannenbaum-Kolchose „Strahlender Nordmann" östlich von Nizhnevartovsk.

Man könnte natürlich auch spüren, dass aus Düften, Wind, Temperaturen, Tönen und Texturen eine Alltagssituationen umgestaltet wird, die in unsichtbarer Form eine völlig neue Erlebnisqualität erhält und einen Rollentausch stattfinden lässt hin zur Herauslösung sehender Menschen aus sozialer Routine und gewohnter Rezeption. Das hört sich zwar wie Werbung für den „Dialog im Dunkeln" an (Formulierungszufälligkeiten sind rein zufällig), in dem Nicht-Blinde eine Welt ohne Licht kennen lernen können, beschreibt aber in Wirklichkeit eines der Highlights des jährlichen Weihnachtsvorbereitungswahnsinns. Es ist wie immer: Die Kinder wollen den Weihnachtsbaum selbst schlagen. Sie wollen nicht wie der Papa zum nächstbesten Baumarkt fahren und eine dänische Plantagentanne für 15 Euro in den Kofferraum werfen.
Die Frau nickt gutmütig.
Der Mann zieht eine Augenbraue hoch. Sonst möchte sie doch auch immer sparen und so eine Baumarkt-Fichte ist billig. Außerdem will er sie am 27. Dezember

schon wieder entsorgen. Das Geld könnte man besser investieren. Vielleicht in einen Akku-Schrauber. Den gibt es gerade günstig im Baumarkt…

Sie ahnt was und stellt fest, dass der Baum ja schließlich bis Neujahr halten soll. Er gibt auf.

Wenn schon eigenhändig fällen, dann wenigstens aus einem echten Wald, wirft der Mann ein und sieht sich schon in Karohemd, Barbourjacke und derben Stiefeln durch den Stadtwald schleichen, eines der letzten Abenteuer unserer Zeit, aufregender Baumfrevel, gejagt von Dackelbesitzern, beschimpft von Kampfjoggern, doch da ist die Gattin vor. Die Idee mit dem Schlagen gefällt ihr, weil sie dann ein paar Stunden Ruhe hat. Allerdings sollte es sich doch bitte um eine wenig nadelnde und weiche Nordmann-Tanne handeln und nicht so eine verkrüppelte und stechende Fichte aus der Natur. Wobei sie mit Natur eben den echten Wald meint, denn eine Selbstschlag-Schonung ist ja irgendwie so natürlich wie holländische Tomaten-zuchten, bei denen an Riesengeschwulste erinnernde Paradiesäpfel auf einem Humussurrogat auf Kunst-harzbasis unter UV-Licht heranreifen. Der halbherzige Einwurf des Mannes, die ohne Zutun des Menschen gewachsenen Bäume würden durch weniger und ungleich verteilte Äste viel mehr Möglichkeiten für die Anbringung des Baumschmucks bieten, zielt ins Leere: Die Frau will zumindest beim Baum die weiche und anschmiegsame Variante – eine Softie-Tanne also.

Der verkappte Macho-Mann gibt nach.

Bald darauf rumpelt der Familien-Van über die Schlaglöcher des Parkplatzes einer tristen Umland-Plantage. Überall stehen Volvo-Kombis und auch

SUVs kommen ihrer eigentlichen Bestimmung endlich mal ein wenig näher. Eine mit ihren defekten Glühbirnen an die kariöse Zahnreihen arbeitsloser Schiffsschaukelbremser erinnernde Lichtkette beleuchtete spärlich eine gammelige Bretterbude, in der ein bärtiger Bär Sägen verleiht und den unvermeidlichen Glühwein verkauft. Dahinter liegen im Dunkeln die leeren Flaschen von Aldi und das gelobte Land der jungen Nordmänner. Der Regen peitscht und stolpernd macht der kleine Trupp sich auf den beschwerlichen Weg ins Unterholz, wie die Hobbits durch das Auenland, den einen zu finden, bewaffnet mit einer stumpfen Axt und viel Mut. Es ist dunkel und glatt und Baumstümpfe bringen einen ins Stolpern, als wollen sie sich für ihre gefallenen Kameraden rächen. Orks mit Nadeln, die in der Finsternis lauern. Eigentlich sollten wie bei Sportveranstaltungen Erst- helfer bereitstehen, um die Verletzten zu versorgen. Am besten in Krankenwagen mit Anhänger für den Baum. An Kundschaft dürfte es nicht mangeln: Verknackste Knöchel, einem ins Gesicht und die Augen schlagende Äste und abgetrennte Finger gehören zu einem erfolgreichen Tag auf der Plantage dazu. Insbesondere, wenn der Glühwein schon vorher eingenommen wird. Alkohol ist essentieller sozio- kultureller Bestandteil der Angelegenheit. Nur Softies reagieren auf die Frage, ob sie den Baum selbst fällen, mit der Antwort: „Nein, ich brauche meinen Führerschein beruflich!"
Für echte Kerle gilt: Wer nach 10 Bieren und 5 Klaren bei Geschäftsessen noch über WinWin-Situations und zu Supply agreements dummschwätzt, kann auch mit einem halben Liter warmen Fusel die gemeine

Nordmann-Tanne umsägen. Und die Kinder schlafen nach einem kleinen Schlückchen eh viel besser...

Die Auswahl des Baumes ist in der Dunkelheit natürlich schwierig. Selbst die Größenbestimmung gerät schon zum Vabanque-Spiel, doch den gleichmäßig schönen Wuchs kann man im pechschwarzen Wald nur erahnen oder durch Tasten näher bestimmen, wobei man die schönsten Äste schon vor Ort abknickt. Später wird der Baum wie ein halbnackter junger Pinguin aussehen und abbrechen, wenn man die Christbaumspitze aufsteckt. Oder er fällt einfach um.

Für die meisten Kinder ist die Plantage das Paradies. Endlich mal ein Wald. Sonst kennen sie so was ja nur aus dem Fernsehen, das Dschungel-Camp sei Dank. Sie springen umher, verstecken sich zwischen den Bäumen, sägen mal hier und mal dort, immer einen noch schöneren Baum entdeckend und erschrecken andere Waldarbeiter aus dem Dickicht. Immerhin verletzten sie sich kaum, wenn sie hinfallen, sondern reißen sich höchstens, als schönes Andenken an die Mutter, die Kleidung auf. Im Gegensatz zum Vater, der schließlich trotz geschwollenem Auge, blutender Finger und doppeltem Knöchelbruch die völlig durchgefroren Kinder und den Baum zurück zum Parkplatz schleppt. Im Kopf bereits die Diskussionen mit der Frau über diametral entgegengesetzte Ansichten zur Notwendigkeit witterungsangemessener Bekleidung der Kinder durchspielend. Am Ende grabscht schon der Nächste nach der blutvergiftenden Bügelsäge, ehe der Plantagenbär – jegliches Nachverhandeln über den Preis ablehnend – den Gegenwert dreier Baumarkttannen in seine speckige Gürteltasche stopft und den Baum durch sein Netzgerät unromantisch einstrumpft wie eine Hebamme das thromböse Bein einer schwangeren Kolchosenbäuerin. Und dazu klimpern die Münzen des Bären sehnsuchtsvoll wie eine Balalaika und stimmen ein in das teure Lied der Taiga.

Nachtgespräch

„Papa, ich bin gar nicht müde", meint meine jüngste Tochter, hellwach.

Erst vor einer Stunde hat sie tief und fest schlafend in meinem Bett gelegen und es dabei angewärmt, was ich gar nicht mag, da ich zum Einschlafen kühle Bezüge benötige. Den Versuch, sie mühsam aus meinem Bett in ihr Zimmer zu bekommen, habe ich mit schlafwandlerisch sicher treffenden Boxhieben und Fußtritten bezahlt.

Jetzt ist so um die Uhrzeit, wo früher die Nationalhymne im Fernsehen längst verklungen war und ein Testbild über die Röhre flimmerte und heute ein Zug auf der interessanten Strecke von Casella nach Genua rattert oder sich nackte Fingernagelmodells mehr oder weniger erregend an einem Pool auf Mallorca selbst befingern.

Meine Tochter stupst an mein Bein.

„Papa!"

„Aua!"

„Bin nicht müde!"

„Schlaf weiter."

„Warum?"

„Darum. Und weil es mitten in der Nacht ist."

„Aber-ich-bin-nicht-müde!"

„Trotzdem. Schlafen. Los."

„Kann ich nicht. Kannst du mir was vorlesen?"

„Gehe bitte endlich ins Bett", erwidere ich matt, „nimm dir selbst ein Buch."

Sie guckt mich an.

Wozu schicken wir das Kind eigentlich zur Schule und ertragen Elternabende? „Du nervst." Nicht nur sie ist unausgeruht dünnhäutig.

„Ich-kann-nicht-schlafen", kommt es gestresst und meinen Vorschlag ignorierend zurück.

Ein Kissen fliegt durch das Zimmer. Ihr Blick wandert umher, auf der Suche nach Zerstreuung.

Ich flüstere „Mensch, du sollst längst im Bett sein", denn die anderen schlafen schon und sollen nicht aufwachen. Schlaflosigkeitsstress ist hochansteckend.

Sie zuckt mit den Schultern. Ihr Arm bewegt sich.

Ich komme ihr zuvor und grabsche nach der Fernbedienung.

„Du brauchst gar nicht zu schreien", erhalte ich patzig zurück.

Sie dreht sich um, weil ihr Rücken gerade gut genug für mich ist.

Jetzt gucke ich.

„Hä, ich bin doch ganz leise", stelle ich überrascht fest.

„Aber du hast einen lauten Charakter", ist das letzte, was ich höre, bevor die Tür in die Zarge kracht und alle anderen in ihren Betten stehen.

Rumms.

Tut Kindermund eigentlich Wahrheit kund?

Oder tun das Türen?

Manchmal bin ich so müde.

Ein Blesshuhn macht köwk

Ich, holleri du dödel di, bin einem ganz großen Betrug auf der Spur. Größer als die Hitler-Tagebücher oder zu Guttenbergs Doktorarbeit. Und sogar noch größer als mein Kleines Latinum, welches ich allein der Kurzsichtigkeit meines Latein-Lehrers in Verbindung mit den kleinformatigen Heften der Firma Reclam verdanke.

Seit der Frühling Einzug gehalten hat, wecken mich nicht mehr meine Blase (bitte keine Zuschriften, die irgendwas mit der Kraft des Arznei-Kürbis zu tun haben!) oder die Kinder (falls sie von der Party zurückgekommen sind und nicht zu zehnt plus einer Flasche Gorbatschow in irgendeinem Bett schlafen und sich von den Strapazen eines gewöhnlichen Kiez-Abends erholen). Es ist auch nicht sie Sonne, die mich sanft wachkitzelt, seit es draußen grünt und blüht, sondern es sind die gebetsmühlenhaft vorgetragenen Balzrufe der gesamten norddeutschen Vogelwelt auf der Suche nach einem Partner oder warum auch immer sie ab 4.45 Uhr ihre Kontergesänge in den Luftraum tröten wie der Gemeine Sarrazin (Thilo Sarrazinus vulgaris) seine Thesen in jede Talkshow. Es reicht. In Zeiten, in denen man gerichtlich gegen Fluglärm, Fußballplätze oder Kindergärten angehen kann, sollte die Lärmbelästigung durch Vögel doch ebenfalls juristisch bekämpft werden können.

Das größte Problem ist jedoch, den Störenfried, der mich um meinen Schönheitsschlaf bringt, zu erkennen. Vögel sind mir am liebsten gefüllt mit Zitrone oder Backobst und in kleinen Stücken, serviert mit Reis; ich bin kein Ornithologe und mir fällt es schwerer als dem Normalbürger, das "düdlidelüdelidüledih" und "pil-pülü pil-pil-pülü" des Hakengimpels von den kurzen zweiteiligen "düloi-djülio" der Weißbrauendrossel zu unterscheiden. Ich muss dann höchstens an Loriot und das Jodeldiplom denken. Deshalb griff ich zu einem Vogelbuch. Das Angebot ist immens. Heute aber muss ich leider zugeben: Ich bin gescheitert. Wahrscheinlich benötige ich eine Ausbildung zum Opernsänger oder das absolute Gehör, um den Gesang der Vögel nachvollziehen und in die schriftliche Darstellung der Tonfolge transformieren zu können. Ich erkenne laut und leise, vielleicht noch einen Rhythmus, aber ob es eine "djülio" oder doch nur ein "düledih" war, das mich morgens aus meinen Träumen reißt, kann ich beim besten Willen nicht sagen.

Ich glaube auch nicht, dass es jemand anderes kann. Da man die kleinen Vögel in der Regel gar nicht zu sehen bekommt, können mir die Vogelkundler ja die Blaumeise vom Himmel schreiben. Die gefiederten Freunde, die man sieht, so einen Mäusebussard an der Autobahn, Flugratten am Bahnhof oder die Möwen im Hafen, singen nicht. Und für die anderen, denke ich mir, sitzt so ein Haufen von mittelalten Bio- und Erdkundelehrern in Fjällräven-Komplettmontur und Mephistoschuhen bei einem Becher Hagebuttentee und Graubrot in einem Naturkundehaus zusammen, das Zeiss-Fernglas um den Hals unter dem Henriquatre-Bart hängend. Dort legen sie dann einfach mal willkürlich fest, welches Geräusch zu welchem Vogel passen könnte. Die wissen es nämlich auch nicht besser, weil sie mir ihren 2,9 Dioptrien durch das

Kassengestell gerade mal den Baum benennen können, auf dem der Vogel sitzt und vom hoch gucken sowieso nur einen steifen Nacken bekommen würden. Und daraus resultieren dann diese ganzen Vogelbücher mit netten Zeichnungen der gefiederten Freunde, aus denen ich versuche, mir den nächtlichen Störer zu ermitteln. Und überhaupt, Zeichnungen, wo gibt es das denn noch in unserer digitalen Welt? Das spricht doch Bände, die meisten Vögel haben die Ornithologen doch selbst auch noch nicht vor die Linse oder gar zu Gesicht bekommen. Aber den dicken Reibach machen mit den unzähligen Bestimmungswerken, die im Frühling über die Schautische bei Thalia einfallen wie der Gemeine Star (Sturnus vulgaris) über die Kirschernte im Alten Land! Versuchen Sie mal, mit dem im "Vogelbuch der Heimat" oder anderen Werken gemachten Angaben einen Vogel zu erkennen: "Sisidüdü" ist laut "Tiere & Pflanzen Europas" eine Blaumeise, während man sie laut "Pareys Vogelbuch" erkennt, wenn irgendwoher ein "ti ti ti tirr" zu hören ist. Der Haussperling trällert im "Parey" "tsche-tschet", während er laut anderen Quellen "tschilp" oder "err" zirpt. Auch beim Bläss-huhn reicht die Bandbreite vom "köwk" über ein blasses "tjikk" zum kraftvollen "kjuk".
Für mich ist das alles "Quack". Wenn nicht ein Skandal. Aber den traut sich nicht einmal der Sarrazin anzusprechen. Dabei hat der sogar einen Vogel. Aber wie schon gesagt: mein Lieblingsfedervieh ist Ente süß-sauer und die singt dann nicht (mehr).Auch Donald Duck mag ich. Den man ja übrigens auch nicht wirklich verstehen kann, obwohl er nicht trällert, sondern spricht, was ihn in gewisser Weise mit Thilo Sarrazin verbindet. Doch das ist eine ganz andere Geschichte.

Gollum & Siri

Eigentlich war es meine eigene Schuld. Weil ich ganz schlau sein wollte. Obwohl ich als kleiner Lateiner wissen sollte: Die beste Rache ist, nicht Gleiches mit Gleichem zu vergelten. Aber wer liest schon Marc Aurel?

Ich wollte mich rächen für eine sündhaft teure Jacke, die zu kaufen mich meine Frau durch Einschmeicheleien (sie würde mir so gut stehen, wie gemacht für mich, formt einen netten Po) gezwungen hat, obwohl unser Konto nach KiK rief und nicht nach Omen (für Laien: Das ist so, als ob man sich statt für einen gebrauchten Seat Ibiza doch zum neuen Rolls-Royce Phantom entschließt.). Da stand ich also mit meiner Jacke im Wert eines neuen Seats, zeigte meinen Po und fühlte mich chic und wohl und spürte doch das lästige hartnäckige Ziehen eines schlechten Gewissens.

Dann kam das Weihnachtsfest. Alle, wirklich alle, vom Weihnachtsmann bis zum alten Schlachter, der den Truthahn brachte, hatte ein iPhone. Und meine Frau, sonst eine Statussymbol-Hasserin vor dem Herrn (der Weihnachtsmann kam im BMW und durfte erst die Geschenke verteilen, nachdem er beweisen konnte, dass der Wagen nur geliehen war und er eigentlich Käfer fahren und im 27. Semester Soziologie studieren würde (der weiße Bart war echt!), meine Frau also bekam Stielaugen: Was das iPhone alles konnte, wie gut es in der Hand lag, was für schöne Musik herauskam und wie leicht es sogar durch die anwesenden Vorschulkinder zu bedienen war.

Noch schmunzelte ich, denn bis dahin kam die Möglichkeit, die vage Idee, ihr Uraltkklapphandy auch nur gegen eine Version aus diesem Jahrzehnt einzutauschen dem Ansinnen an den Papst gleich, den Zölibat aufzuheben. Blicke, als würde sie Opus Dei losschicken. Dabei hörte sie das Klingeln kaum noch, das Scharnier wackelte und der Bildschirm erinnerte mit den Kratzern und Schlieren eher an eine Eisfläche nach dem Training der Hamburg Freezers als an etwas, durch das man hindurch sehen können soll. Außenstehende lachten oder schüttelten den Kopf, doch sie meinte, "es wäre doch noch gut in Schuss", während sie es mit den Fingern zusammenhielt und so tat, als ob es funktionieren würde.

Ich merkte, sie litt. Tolles iPhone. Liebes iPhone. Mein Schatz, flüsterte der Smartphone-Gollum in ihrem Kopf. Ich, Bilbo, hörte ihn und ihr Geburtstag kam mir gerade recht. Zeit für die Rache. Das Konto sah mal wieder schlecht aus. Der beste Moment, zuzuschlagen. Ist der Ruf…Eine unserer Töchter hatte ein defektes iPhone und bot sich an, es gegen einen geringen Obolus im iStore zu tauschen. Dafür bekäme man dann gegen wenig Geld ein Neues. Zwar nicht die brandaktuelle Version, die sprechen kann, aber immerhin ein iPhone. Als ich nicht sofort reagierte, insistierte auch sie mit Schmeicheleien. Ob ich abgenommen hätte, dass mein Haarschnitt so gut gelungen wäre, dass ich eine schöne Jacke tragen würde. Ich ahnte nichts Böses.

Machte den Deal.

Der Geburtstag kam. Das iPhone war der Hit. Meine Frau liebte ihren neuen Schatz sofort. Doch nun ist alles anders. Ihr alter Schatz ist draußen vor. Ich dachte, ich schenke ein besonders praktisches Telefon. Was ich nicht erwartet habe: In Wirklichkeit habe ich die goldene Eintrittskarte zur iPhone-Sekte verschenkt.

Und die Macht und der Geist von Steve Jobs sind allgegenwärtig. Saßen wir früher im Auto und erzählten uns was, beantwortet sie heute Emails, checkt die Uhrzeit in Lüneburg, prüft den Wasserstand der Donau bei Nagybajcs sowie die Tagestemperatur in Adelaide. Oder erklärt mir die neusten Emoticons.

Lachende Kacke + Wind = Pups!

Es müssen interessante Texte sein, die so verdeutlicht werden. Oder Menschen, denn wie mir erklärt wurde, stehen die Symbole auch für Leute. (Ich bin z.B. bei meinen Kindern angeblich ein Bizeps und überlege noch, ob das ein Kompliment ist oder für wenig Grips steht.) Immerhin schickte meine angetraute iPhone-Gläubige zum Valentinstag eine SMS mit solchen Emoticons. Auf meinem Uralt-Nokia kamen jedoch nur drei Rechtecke an. Es versteht kein iPhonisch. Da sie neben mir saß, zeigte mir auf dem iPhone, was sie gesendet hatte: 3 Herzen.

"Na, dass nenne ich mal Hightech!" grummelte ich, "kannst mir auch direkt einen Kuss geben." Sie sah mich an, als wäre ich der ungläubige Thomas, während ihr iPhone hupte und bellte und die nächste Push-up-Nachricht rein kam. Eigentlich mag ich Push-ups, doch bei den meiner Frau handelt es sich um die Info, dass einer ihrer Facebook-Freunde etwas Wichtiges gepostet hat wie: "War endlich wieder auf Klo. Farbe und Konsistenz i.O. Geruch auch." Die nächsten Push-ups sind dann 3 "Mag ich" von irgendwelchen Freunden.

Meine Tochter war mit ihrem Tauschangebot auch nicht so uneigennützig, wie ich in meiner Naivität geglaubt hatte. Jetzt schickt sie sich in einer Tour mit meiner Frau über WhatsApp Nachrichten oder sie stehen in der Küche, fotografieren sich gegenseitig und kichern verschwörerisch über Instagrambilder - Hightechfotos, die aussehen wie schlechte Aufnahmen mit einer Ritsch-Ratsch-Klick-Kamera. Plötzlich ist Old School, was früher scheiße war und bei Foto-Porst zurückgegeben wurde. Außerdem empfehlen sie sich Apps. Alles ist als App erhältlich. Es gibt 1 Fantastilliarde Apps. Gut, dass sie noch kein Geruchs-App hat, um die Facebook-Meldungen zu riechen. Aber da gäbe es ja auch den Ventilator-App. Mir persönlich scheint „Daily data" am wichtigsten zu sein - eine Art Doktor, der z. B. anhand der Anruf- und sms-Häufigkeit sagt, ob man Depressiv wird. Meine Frau dürfte damit kein Problem haben, mich aber treibt ihr iPhone in die Isolation. Meine Kinder schreiben nur noch meiner Frau, als würde die SMS hochwertiger sein, wenn sie an ein iPhone geht und nicht an ein normales Handy aus der Kommunikationssteinzeit. Es ist ja bald ein Jahr alt!

Aber vielleicht habe ich Glück und meine Frau rächt sich ihrerseits.

Siri, ich höre dich.

Tipp 2: Eisbergsalat

Eisbergsalat ist bekanntlich das Bayer Leverkusen unter den Blattsalatgewächsen: Langweilig, ohne eigenen Charakter, hat kaum Fans und trotzdem kann man auch nicht ohne ihn. Für die UEFA-5-Jahreswertung oder falls mal Besuch kommt, der einem nicht so wichtig ist. Man kann ihn gut verarbeiten, wenn man den Stängel löst. Das geht wunderbar, indem man den Salatkopf mit Wucht auf den Tisch haut (mit der Stelle, wo der Stängel ansetzt). Dann hat der Salat, was er geschmacklich und ernährungsphysiologisch verdient und man ist gleich ein wenig Aggression losgeworden. Wenn es die gegen Bayer Leverkusen sind, weil er mal wieder die besten Spieler des HSV abgeworben hat.

Blitz-Rettung

Ich warte eigentlich täglich auf den Anruf aus Rüsselsheim oder Detroit, mit dem Opel oder GM mich endlich Rat fragt, denn das Konzept für den Rettungswagen der Traditionsmarke mit dem Blitz habe ich doch längst in der Schublade. Falls Jürgen Klopp das nicht allein hinbekommt.

Erst heute früh wurde ich wieder inspiriert.

Vor uns ein 5er BWM. Fahrer mit Krawatte, Anzug in Lackfarbe und dem unvermeidlichen Sansibar-Aufkleber am Heck, der heute die Sylt-Silhouette ersetzt zu haben scheint, aber dasselbe meint: Austern sehen zwar aus wie Rotz und schmecken nach Gulliglibber, aber um Potenz zu beweisen und dazuzugehören muss man sie eben schlucken. Obwohl der Wagen garantiert im Stande war, von selbst einzuparken, der Fahrer via Bluetooth freihändig mit der Raumstation Mir konferieren konnte und neben einem Thorax-Airbag auch mit die Lendenwirbelsäule mobilisierenden Sitzen ausgestattet war, eierte er doch durch die Innenstadt wie General Motors auf dem Rücken der Opel-Mitarbeiter. Meine Frau und ich schreckten jedes Mal auf, wenn er in den Gegenverkehr geriet, Mülleimern und Schaltkästen gefährlich nahe kam oder Straßenreiniger zu einem Hechtsprung auf die nächste Ampel zwang. Da hingen sie dann in ihrer leuchtenden Arbeitskleidung, im Auspuffqualm sanft zitternd wie Orangen auf Mallorca im Embat, dem thermischen Wind der Balearen. Dabei ginge es auch anders.

Der "Opel Phoenix BEFLA injection" könnte im umkämpften Segment der ambitionierten Oberklasse endlich die Bedürfnisse junger aufstrebender Karrieremänner befriedigen, die sich bisher mit Audis und BMWs von der Stange begnügen müssen. Phoenix, ist klar, weil er Opel aus der Asche wieder neu aufleben lassen würde. OE für den Export, ein ö kennt ja im Ausland kaum jemand und die Türken werden wohl sowieso beim BMW bleiben. BEFLA, weil es immer abgekürzt und natürlich Englisch sein muss. Oder sich zumindest so anhören sollte; sprachlich korrekt braucht es im Land von Fotoshooting, Handy und Happy End nicht zu sein.

Ganz wichtig ist für die Zielgruppe natürlich der Einspritzer, obwohl die wenigsten der Fahrer überhaupt wissen, was genau da in was eingespritzt wird und ob es mehr als ein Teelöffel voll ist. Im Opel Phoenix für den spät aufstehenden Geschäftsmann, der "Business Edition for late awakes" , wäre die Einspritzung unter anderem einer dieser kleinen Wasserhähne samt Becken, die man aus der Zahnarztpraxis kennt. Immer mehr Geschäftsleute verlegen nämlich die Körperpflege aus dem heimischen Badezimmer in ihr Auto und erledigen sie zwischen Ampel und Fahrspurwechsel. Weil sie Straßenreinigung völlig missverstanden haben, bleiben dann eben gelegentlich echte Straßen- reinigungskräfte auf der Strecke. Der kleine Wasser- spender wäre eine willkommene Hilfe beim sicheren Reinigen der vollkeramisch restaurierten Zähne, wo heute noch konzentrationshemmend nach Selters gesucht oder die ganze Soße unter Ekel und mit geschlossenen Augen heruntergeschluckt wird.

"My car is my Wohnung" könnte man sagen: Das Auto wird immer mehr zum Lebensmittelpunkt, zu einem

Wohnwagen der anderen Art. Das man seinen Kaffee heute zum Gehen bei Starworldcampusbalzaccoffee besorgt oder sich für das Frühstück nicht mit der Lebensabschnittgefährtin am Küchentisch trifft, sondern es sich bei Nur Hier rausholt und im Auto zu sich nimmt, ist ja schon Standard, doch die Zahl der Männer, die hinter dem Steuer mit dem Zähneputzen, der Rasur und leichten kosmetischen Verbesserungen beschäftigt sind, steigt. Serienmäßig hätte mein Phoenix deshalb eine in den Rückspiegel integrierte Pickellinse und am Dachhimmel schwebende Spender für Rasierschaum, Seife und Zahnpasta. Gerade die Nassrasur erfordert bisher allerlei Verrenkungen und könnte durch ergometrisch günstig platzierte Hilfsmittel zu einer Bereicherung der Dienstfahrt werden. Ein Spender für Pflaster inbegriffen. Frauen rasieren sich seltener im Auto, doch für die Quotenmanagerin hätte ich die Sonderausstattung "Fön" im Angebot, mit Haartrockner, Zahnseide-spender und formschöner Fächer für Tampons, die dann endlich nicht mehr in der Handtasche herumfliegen müssten. Die Vollendung wäre der "Phoenix BEFLA injection" als Kombi, bei Opel, seit je her Caravan genannt, was wie die Faust auf das Auge passt, denn mit Liegedusche, die zu einem Bett für das Power napping umgebaut werden kann, ermöglicht er dem handelsüblichen Karrieristen, auf zeitintensive Heimfahrten zu verzichten. Seit Einführung von Blackberrys und Smartphones sind sie ja sowieso rund um die Uhr im Dienst ihrer Wichtigkeit, völlig unabhängig davon, ob sie gerade durch die Karibik segeln, auf dem Operationstisch des Proktologen liegen oder zuhause vor dem Plasmabildschirm abhängen und könnten dies konsequenter Weise durch den Umzug in das Auto symbolisieren. Da sich immer mehr Frauen getrennte Schlafzimmer wünschen, hätte man sogar noch einen schönen Synergieeffekt erzielt. Und falls man sich doch mal paarweise sehen oder gar unterhalten möchte, bleibt ja noch der Autoreisezug nach Sylt. Coffee-to-go und Austernschlürfen inbegriffen.

Kleiner Feigling

Im Adventskalender, den unsere Kinder meiner Frau und mir geschenkt haben, war eines Tages ein "Kleiner Feigling". Wer sich darunter nichts vorstellen kann: Es handelt sich um einen Likör aus Wodka mit Feigenaroma und gehört eigentlich – wie ein Wanderstock mit Klingel, ein bescheuerter Hut und das Kotzen hinterher – zur Grundausstattung eines Vatertagsbollerwagen.

Was wollten uns unsere Kinder damit sagen? Dass ich öfter mal die Sau raus lassen und schmutzige Lieder johlend durch die norddeutsche Tiefebene ziehen soll? Oder meine Frau, denn gern genommen werden die kleinen Flaschen voller Hochprozentigem auch zum gruppendynamischen Enthemmen beim Männerstrip: Brave Hausfrauen, die endlich mal die Vatertagssau rauslassen wollen, glühen damit vor, um Wilde Stiere oder Chippendales mit Pfeifen, Gejohle und dem Zuwerfen von BHs beim mehr oder weniger lasziven Ausziehen zu unterstützen. Wobei gerade Letzteres ein teures Vergnügen werden kann, denn gute Büstenhalter sind hochpreisig, insbesondere bei ausgefallen Körbchengrößen/ Unterbrustumfang-Kombinationen.
Aha, der Mann kennt sich aus, denken sie jetzt.
Richtig, denn seit meine Frau einmal nach BHs im Internet gesucht hat, werde ich auf allen Seiten, auf denen ich im WWW surfe, mit Werbung für BHs zugeworfen. Das ist von den Fotos her nicht nur unangenehm und allemal besser als die Folgen einer Recherche nach Mitteln gegen eingewachsene Zehennägel, macht mich aber auch vorsichtig, was ich

selbst auf dem heimischen Rechner so anklicke. Sonst merkt meine Frau womöglich, dass mein Interesse elektrischen Eisenbahnen oder anderen Männerfantasien gilt und nicht dem Handbuch für die Online-Steuererklärung mit dem kinderleichten Elster-Programm.

Sie teilt übrigens nicht die Fantasie besagter büstenhalterschwingender Partyamazonen und kann dem Männerstrip nichts abgewinnen (weder meinem noch dem der Herren Chippendale übrigens). Und ich glaube das sogar, denn auch mir geht die Faszination vergleichbarer Männerunterhaltungen ab. Zum Beispiel entzieht sich mir der Reiz des Tabledances, insbesondere an der Stange, komplett. Es mag eine akrobatische Höchstleitung sein, sich im Dollhouse mit den Beinen in zwei Meter Höhe kopfüber an einen chrombeschichteten Stab zu hängen, aber erotisch gesehen spricht mich das in etwa so wie Damengewichtheben in der obersten olympischen Gewichtsklasse. Aber vielleicht liegt das auch nur daran, weil ich nicht aus Nord-Korea oder Usbekistan stamme. Es ist faszinierend, aber nur bedingt sexy. Und außerdem frage ich mich, wofür die Stange steht? Für mich als Mann, an der sich das Silikonmodell wollüstig räkelt? Oder für mein bestes Stück, das sie unzüchtig umgarnt? Da werde ich doch höchstens verlegen bei der durchschnittlichen benutzbaren Stangenlänge von 2,68 Metern.

Nee, dann doch lieber Gewichtheben im ZDF. Die Namen der Frauen sind da auch viel erotischer: Was ist schon Mandy-Chantalle gegen die liebliche

Prapawadee Jaroenrattanatarakoon. Auch wenn ich dafür dann tatsächlich doch mal zum Feigenschnaps greifen muss, um so manchen Anblick zu ertragen. Ich stehe dazu. Bin doch kein kleiner Feigling.
Wie kam ich noch auf das Thema? Egal: Prost!

Ich, Luther

Manchmal denke ich, die Kirchen sollten sich wegen des Mitgliederschwunds doch mal ein wenig von Vodafone, Sky oder den Tageszeitungen inspirieren lassen. Damit meine ich keine Flatrates für Gottesdienst-Direktübertragungen über Handy, nackte Priester im Live-Chat oder Probeabonnements für die Nordelbische Kirchenzeitung inklusive zweier praktischer Gesangsbuchlesezeichen aus Tofu-Oblaten. Ich meine den Umgang mit Abtrünnigen.

Die Parallelen drängen sich geradezu auf. In jedem Jahr verlieren die katholische und die evangelische Kirche über 200.000 Mitglieder und damit beachtliche Steuereinnahmen. Das müsste nicht sein. Der kleine Reformator in mir erwachte, als ich kürzlich meinen Handy-Vertrag kündigte und ich umgehend mit günstigen Angeboten zugeworfen wurde. Neue Wunschnummern gefällig? Wochenend-Flat? Super Flat Allnet 100xyz Power 0815 Mega? Gar ein neues Smartphone? Da ich mich nicht spontan entscheiden konnte, weil ich die vielen tollen Verbesserungen gar nicht kapierte, bat ich um Bedenkzeit, in der ich mit meinen minderjährigen (aber auf dem Gebiet der Unterhaltungselektronik sehr bewanderten) Beratern diskutieren musste. Es zog sich hin wie eine biblische Exegese, denn täglich gab es neue Angebote, aber auch eine weitere Bedenkzeit, so dass es ein schönes Ritual wurde, gegen 18 Uhr mitteleuropäischer Sommerzeit mit der Dame aus dem Callcenter zu sprechen, die mir glaubhaft versicherte, selbst schon schlechte Erfahrungen mit Handy-Verträgen gemacht und ein

Höchstmaß an Verständnis für meine Nöte zu haben. Dazu war ihre leicht rauchige Stimme äußerst erotisch. Erst als ich dem neuen Vertrag mit verbesserten Konditionen zugestimmt hatte, kam mir der Gedanke, dass sie vielleicht ein kettenrauchender, hässlicher Mann aus Mumbai war, der noch nie ein Mobiltelefon besessen hatte und nebenbei als schmutziger Sexengel GeileBella auf Strip-Chat.de mit mir schmutzige Sachen machen wollte. Bei Sky war es ähnlich, nur dass mir da schon bei der Unterschrift geraten wurde, demnächst zu kündigen, um in den vollen Genuss der dann neusten Angebote zu kommen. Die Aufnahme in die Sky-Familie erinnerte mich an Kircheneintritte lediglich aus dem Grund, kirchlich zu heiraten oder Taufpate werden zu wollen, im Übrigen aber den eigenen 3er BMW oder die Fankurve als wahres Heiligtum zu betrachten und nur zu beten, wenn der eigene Verein in der 90. Minute einen letzten Angriff startet, um das Unentschieden zu retten.

Der alte Versicherungsvertreter meiner Eltern, der über Jahre in das Haus kam, ihnen die Rotweinvorräte wegsoff, von mir Onkel genannt wurde und zu Weihnachten nicht nur eine Karte schickte, sondern erhielt (womit er enger zur Familie gehörte als manche Tante), ist Geschichte. Heute wird alles über ein Call-Center irgendwo jwd von irgendwelchen gesichtslosen Menschen abgewickelt, deren Kompetenz aus meinem Mitleid für ihre wahrscheinlich schrecklichen Arbeitsbedingungen und ihrem winzigen Gehalt gespeist wird. Zu oft haben sie außer der künstlichen Verlängerung des Gesprächs durch organisatorische Unnötigkeiten und überlange Begrüßungsformeln überhaupt keine Fähigkeiten. Bestimmt betreuen sie während unserer Nachtstunden Kunden aus Teilen der Welt, in der gerade Tag ist. Wer nichts verdient, muss auch nicht ausruhen. Aber ansonsten sind sie stets bemüht. Bemüht, mir mittels vielversprechender Lockangebote die Kündigung auszureden. Und leider zu oft genug gelingt es; dann starre ich nach dem Gespräch auf den Hörer und frage mich mit innerem Pathos: Warum?

Und genau deshalb wäre es doch auch etwas für die Kirche. Seit dem Ketzergabel, Schädelschraube und andere hochnotpeinliche Befragungsmethoden politisch nicht mehr ganz so korrekt sind, sollte zukünftig jemand, falls ein Schäflein die Gemeinschaft der Gläubigen verlassen möchte, im Auftrag der Kirche anrufen und mit samt-freundlicher Stimme sich nach den Gründen des Austritts erkundigen und Vorschläge machen, wie der Abtrünnige doch wieder in die Herde zurückkehren könnte. Wenn die Offerten dann noch wie bei Telefongesellschaften mitten in der Tiefschlafphase erfolgen würden, wäre sogar noch dem kulturhistorischen Folterhintergrund der Kirche Rechnung getragen. So unter Schlafentzug würde die Inaussichtstellung eines kostenlosen Kirchenlieder-Apps oder eines praktischen Eucharistie-Sets für den Party-Keller (robuster Kelch aus geweihtem Rauschgold mit 13 Strohhalmen und formschöne Patene aus Tupper, die Hostien länger frisch hält) als Beigabe zur Kündigungsrücknahme sehr stilecht rüber kommen. Oder der freie Platz für den kleinen Sohn im Jungensinternat "Zum heiligen Bonifaz von der unbeleckten Verdammnis". Für die ganz hartnäckigen Kunden, die die Sache ausreizen wollen, käme vielleicht einen Platz im Paradies in Betracht. Und als Zugabe ein kleiner Exorzismus. Selbst wenn er mir nur austreibt, auf Mahatma aus Mumbai und seine Lockangebote hereinzufallen. Ich glaube, ich werde mal wieder eintreten in den Verein. Ich war lange genug abtrünnig.

Erniedrigt

Ich muss wohl an der Supermarktkasse unsicher und hilflos wirken wie ein Kind, dem man eine Mark in die Hand gedrückt und zum ersten Mal erlaubt hat, zum Tante Emma-Laden um die Ecke zu gehen. Kürzlich stand ich am Band mit einem prall gefüllten Wagen, der an diese Bilder aus Asien erinnerte, auf denen kleine Chinesen, kaum erkennbar zwischen gewaltigen Säcken, Vogelkäfigen und Rudeln gebratener Hunde, riesige Warenmengen von Yin nach Yang transportieren. Den abschätzenden Blick eines Rentners, der es wie üblich eilig hatte und beim Anblick meines Einkaufs etwas von "der schlechten Zeit" und "Steckrüben und Dachhase" murmelte, quittierte ich mit einem entschuldigenden "Großfamilie", was ihn aber nicht weiter beruhigte, sondern vielmehr veranlasste, seinen mühsam erkämpften Platz in der Warteschlange aufzugeben, um auf Hamstertour in den Laden zurückzukehren. Man kann ja nie wissen, wann der Russe kommt.

Während ich wie ein Schaufelbagger im Tagebau Garzweiler tierversuchsfreie Kosmetikartikel, links-drehende Reinigungsprodukte und ökologisch sinnvolle, aber geschmacksfreie Biosüßigkeiten auf das Laufband warf, bemerkte ich den Gesichtsausdruck der Kassiererin, die in mir offenbar nicht einen normalen Kunden, den unerkannt verkannten Bestsellerautor oder gar einen Mann sah (dabei trug ich diese passgenaue Jeans, die meinen trainierten Gluteus maximus zur Geltung bringt). Vielmehr bedachte sie mich mit einem Blick, den ich erst deuten konnte, als meine Frau, die mich allein zurückgelassen hatte, um noch etwas im Laden zu suchen, leise über rabiate Rentner schimpfend hinzukam.

"Alles klar, Männe?" fragte sie und ein Stoßseufzer entwich bebend der drall bekittelten Verkäuferinnenbrust in ihrem Kassencockpit. Dankbar sah sie zu meiner Frau, mit ihrem Weltbild versöhnt.

"Und ich dachte schon, ihr Mann hätte das ganz allein gekauft. Das konnte ich mir auch gar nicht vorstellen."

Alle umstehenden Frauen lachten herzlich, während ich mich als Mann erniedrigt fühlte. Bin ich ein kleiner Junge, den man nicht losschicken kann, um extra saugfähige Tampons, handschonendes Geschirrspülmittel oder popofreundliches 5-Lagen-Toilettenpapier zu kaufen? "Zu blöd zum Milch holen. Verbiegst die Mark", ein beliebter Satz aus dem grenzenlosen Repertoire von Lebensweisheiten meiner Mutter, ging mir durch den Kopf.

"Ich fühle mich als Mann herabgewürdigt", sagte ich leise und fügte mit Trotz in der Stimme in Richtung der Kassiererin hinzu: "Das ist männerfeindlich!"

Sofort ergriff meine Frau in einer Art Schwestern-Solidarität Partei für die Geschlechtsgenossin und bestätigte, dass die völlig Recht hätte und natürlich eine Frau im Hintergrund gewirkt haben müsse, den Wagen derart mit Waren zu fühlen. Als ob es eine künstlerisch wertvolle Leistung ist, eine Viertelstunde lang die Regalbestände in den Wagen zu schieben. Ich fragte mich, ob sie sich für eine Art Andy Warhol des Drogeriemarktes hielt. Es knisterte. Die Spannung der Situation war zum Greifen und bemüßigte folgerichtig die Dame hinter uns, ihre therapeutischen Kenntnisse aus unzähligen themenzentrierten Interaktionen anzubieten.

"Soll ich schlichten?" kam es von der freundlichen Frau mit strenger Brille und grauem Kurzhaarschnitt über einem unsichtbar auf die Stirn tätowierten Doppelnamen, der jeder FDP-Frau zur Ehre reichen würde, während sie die Räumlichkeiten nach einem konfliktfreiem Raum scannte und im Geiste beruhigende Walgesänge auflegte sowie Drucke von Sommerwiesen an den Wänden verteilte. Ich sah mich schon mit ihr, meiner Frau und der Kassiererin einen Stuhlkreis aus Dash-Kartons zu bilden und zu offenbaren, was denn diese Situation irgendwie mit mir machen würde. Sogar Taschentücherboxen für die Tränen gab es wie in jeder guten Psychologenpraxis genug. An diesem Tag zum Sonderpreis von 99 Cent. Die Kassiererin jedoch war es, die die Situation löste und mir den Seelenstriptease ersparte. Als ich es tatsächlich ganz allein geschafft hatte, die Einkaufe in biologisch abbaubare Tüten zu verstauen, beugte sie sich plötzlich zu mir herüber, sagte "zur Wiedergutmachung" und streckte mir ihre Brüste und zwei Lollys hin. Ach, dachte ich, es ist schön, ein Kind zu sein. Nächstes Mal kann mich meine Frau zu den anderen Max-Lucas und Lena-Sophias ins Spieleparadies bringen und allein einkaufen gehen. Oder gleich an der Kasse abgeben. Einen Lolly lutschen kann ich schon.

O'zapft is!

Ob man sich wirklich wundern darf, dass Ausländer Deutschland gern mit Bayern gleich setzen? Dass sie dann erstaunt gucken, wenn wir nicht alle in Lederhosen eine hoeneßsche Wurst und irgendein Laugengebäck kauend daherkommen? Europäische Fußballfans einmal ausgenommen - international-championleaguetechnisch gibt es halt nur die Bayern, da können saisonale Sternschnuppen wie Stuttgart, Dortmund oder Schalke keine Akzente setzen oder: Was bitte ist typisch für eine Stadt wie Leverkusen, dessen berühmtester Sohn der ehemalige HSV-Chef Bernd Hoffmann ist?

Unser Bild im Ausland: Sauerkraut, Haxen und Krachlederne.

Und im Spätsommer wird es besonders nachhaltig bedient. Der totale Wahnsinn greift um sich. Es genügt nicht, dass auch wir im Norden Bärenmarke zum Kaffee geben, wo unsere eigenen Felder voller Glücksklee wiederkäuender Kühe sind oder es zum Kochen Schmand sein muss, wo doch auch die hier produzierte Sahne sauer werden kann. Vom Samstag, der den Sonnabend verdrängt wie das graue Eichhörnchen das putzige Braune will ich mal gar nicht reden.

Nein, Bayern überzeiht uns Ende September mit dem totalen Oktoberfestwahn. Und wir lassen es jodelnd geschehen, während uns der Löwenbräu aus den fettigen Mundwinkeln rinnt. Alles ist blau-weiß. Sogar der Himmel. Oans - zwoa – gsuffa!

Google (33.100.000 Einträge zum Thema Oktoberfest und es werden täglich mehr – Alkoholismus hat übrigens knapp 31 Millionen Treffer weniger!)
Geschäfte.
Geburtstagsfeiern.
Es muss Wiesn-bayrisch sein. Als ob wir keine eigenen schönen Traditionsfeste haben: Volkstrauertag, Totensonntag, Winterdom oder den Reformationstag. Nein, wir müssen uns in Bayern bedienen oder bedienen lassen: Von sächselnden Aushilfskellnerinnen in engen Dirndln mit hoch gepressten Brüsten aus Silikon, die uns im Hamburger Traditionsgaststätten statt Labskaus labbrige Weißwürste bringen und genauso wie wir nicht wissen, ob es der, die oder das Brezel heißt. Die blau-weiße Sonderkarte bietet neben den Weißwürstln Brathendl, Leberkäs sowie, klar, Schweinshaxen, und Bekannte oder Kollegen erzählen uns beim Paulaner von ihren Abenteuern auf dem Oktoberfest (dieselben Leute, die aus denselben Gründen am Rosenmontag nach Köln reisen). Im Kaufhaus dudeln Michael & Marianne statt der üblichen Instrumentalverführungsklangvariationen und jede Morning Show, die etwas auf sich hält, bietet bayerischen Spaß bis zum Abschalten. Mit Wein, pardon, Bier, Weib und Gesang und Rätselspielen, bei denen man eine Reise zum Oktoberfest gewinnen kann. Inklusive gemeinschaftlichen Erbrechens hinter dem Festzelt von Käfer und einem Quickie auf dem Klo mit einem australischen Transvestiten, der natürlich mit einem Dirndl und einem blau-weiß karierten Präservativ landestypisch bekleidet ist. Das ist dann fast so schön wie im Karneval auf der Toilette des Kölner

Hauptbahnhofs, nur das der angetrunkene Stricher dort mit Kamellen wirft.

Es gibt kein Entkommen.

Es ist schrecklich.

Und daran ändert auch die Tatsache nichts, dass das erste Oktoberfest an einem Tag stattfand, der 153 Jahre später mein Geburtstag werden sollte, du Schorswiesn, du mistige.

Nur einen einzigen Vorteil bietet der Oktoberfestwahn. Und den ausgerechnet Aldi. Nord, klar. Hier verdecken die alphohen Paletten voller blau-weißer Spezialitäten gnädig die Schütten mit Gartmannringen, Nikoläusen und Adventskalendern und helfen unbeabsichtigt, die Verwirrung des ausländischen Gastes nicht noch zusätzlich zu steigern: Warum nämlich der Deutsche im September das Oktoberfest und gleichzeitig auch noch Weihnachten feiert?

O'zapft is!

Trinkfreude

Eigentlich war es nur eine Kleinigkeit, aber warum zum Teufel müssen neuerdings Aldi-Märkte und EDEKA-Läden immer in Kombination auftreten? Ich habe keine Ahnung, ob ein Geschäft wie eine Schmarotzerpflanze vom anderen lebt oder ob beide eine Symbiose eingegangen sind. Jedenfalls vergaßen meine Frau und ich beim Verlassen des EDEKA-Marktes, unsere Sonnenbrillen aufzusetzen und die Krägen hochzuschlagen. Eigentlich eine Bagatelle. Die meisten gehen ja nur noch schnell zu EDEKA, um die Produkte zu kaufen, die ALDI nicht hat (und dabei für sechs oder sieben verloren im Wagen liegende Teile genauso viel auszugeben wie für einen überquellenden Einkaufs-wagen beim Discounter). Wir dagegen erstehen dort neuerdings unseren gesamten Bedarf: Losen Aufschnitt von der Theke, Hachez-Schokolade, Blockhouse-Produkte, Hakle Comfort fünflagig oder das gute Becks Bier statt Knall-Fix. Kurz und gut, Saus und Braus: Wir schwelgen im Luxus. Und man weiß ja wie das ist: Die Neider lauern hinter jeder Schütte mit dem Niederegger Marzipan wie die gemeine Schildzecke im hohen Gras. Also wusste ich, was passieren würde, nachdem uns eine Nachbarin hinter ihrem Aldi-Wagen mit unserem prall gefüllten Einkaufswagen vor EDEKA gesehen hatte. Wir waren kaum zuhause, als schon in unserer Straße das Gerücht die Runde machte, wir hätten im Lotto gewonnen. Es war interessant zu erleben, wie leicht man neue Freunde finden und alte Freundschaften wieder reaktivieren kann.

Doch der Quell unseres Reichtums ist weder ein Lottogewinn, noch die Sofortrente der Süddeutschen Klassenlotterie, sondern die Trinkfreude der Jugend und Erkenntnis, dass das Glück sozusagen auf der Straße liegt und man es nur aufheben muss. Dabei hätte ich schon eher darauf kommen können und nicht abwarten müssen, bis unsere Kinder ins trinkfähige Alter kommen: In meiner Jugend, als der HSV noch im Volksparkstadion spielte, waren vor der Arena immer deutlich mehr Menschen als auf den Rängen selbst. Und das nicht nur, wenn es gegen Langeweiler-Clubs wie Waldhof Mannheim oder Frankfurt ging. Der Fußballfan an sich hat bekanntlich eine genetisch bedingte Aversion gegen Sauberkeit und Ordnung und so sah das Gebüsch um das Stadion aus wie eine Müllhalde. Wer dann noch eine besonders niedrige Ekelschwelle besaß (Toiletten waren zu der Zeit noch nicht erfunden – man sprach auch vom Versailles des Fußballs) suchte zwischen harngelben Buschzombies nach leeren Bierflaschen, was spannender war, als sich nebenan einen Gruselkick aus dem Tabellenkeller anzusehen.

Inzwischen gibt es die Ich-heiße-ständig-anders-Arena und eine deutsche Verpackungsverordnung (VerpackV). Leere Dosen und Flaschen liegen auch nicht nur mehr rund um das Stadion, sondern im gesamten Stadtgebiet sowohl in Grünflächen als auch in Mülleimern, denn das Gefühl der persönlichen Freiheit, wenn man seinen Dreck einfach in die Gegend oder bares Geld in die Tonne wirft, ist über die Jahre geblieben. Allerdings gehören auch die zahnlosen Gestalten in ihren HSV-Kutten als Pfandsammler nur noch einer Minderheit an. Heute sieht man immer öfter respektabel angezogene und mit Taschenlampe und Greifgerät ausgerüstete Menschen in Abfallbehältern nach Pfandgut stochern, um ihre kärglichen Vorstandsgehälter aufzubessern oder die Yacht in Travemünde zu finanzieren. Im Internet gibt es dutzende Seiten mit Tipps zum besseren Suchen und den zu beachtenden Verhaltensmaßregeln, denn die Sammelstellen haben in der Regel einen "Besitzer" mit dem Anrecht auf alle dort weggeworfenen Flaschen. Umkämpfte Plätze sind Schulhöfe und Behörden, was daraufhin deutet, dass beide Einrichtungen ein Hort fauler und wohlhabender Leute sind, die es nicht nötig haben, Pfandflaschen zurückzubringen. Die besten Stellen werden wie Gold Claims und Trüffelfundstellen geheim gehalten oder schwer gesichert. Unser Grundstück ist daher inzwischen mit einer Doppelrolle Widerhakensperrdraht umgeben und wird von einer Rotte Bullterrier bewacht, denn seit unsere Kinder im Alter sind, in dem Vodka Red Bull Flügel verleiht oder Joe Cocker mit ihnen und einem Sixpack Becks-Bier "away sailt", gleicht unser Garten nach, vor und während ihrer Feiern immer mehr dem damaligen Volkspark. Bier ist billig. Und dann der Nachdurst auf Selters. Außerdem erschöpft das Feiern, wodurch sie zu müde sind, das Pfand zeitnah einzulösen. Sind halt Schüler und hoffnungsvoller Behördennachwuchs.

Und so haben wir den Reichtum, das Gold des Gartens, für uns entdeckt. Mit einer großen Mülltüte bewaffnet, vor den überall herumliegenden Kronkorken durch derbe Gummistiefel geschützt, streichen wir über unsere Ländereien und haben außer der schönen Bewegung an der frischen Luft ratzfatz den Gegenwert für den nächsten EDEKA-Einkauf oder einen kleinen Sportwagen aus Zuffenhausen im Sack. Den Beifang, pfandlose Wodka- oder Tequila-Flaschen samt Plastik-Sombrero landen, anders als in der Seefischerei, in Recycling. Vorbildlich! Und das Schönste ist, dass wir nicht nur die Hinterlassenschaft unserer eigenen Kinder finden, sondern davon profitieren, dass sie kontaktfreudig und gesellig sind. Was sie selbst nicht trinken, hauen die Freunde weg und so tragen auch die dazu bei, den Wohlstand meiner Frau und mir zu mehren. Man könnte unseren Verdienst als Kindertrinkgeld bezeichnen, das wie das ursprüngliche Kindergeld als in Abhängigkeit von Zahl und Alter der Kinder geleistete Zahlung zur verfassungsrechtlich gebotenen Gewährleistung des Existenzminimums zu verstehen ist. Nur das es beim Trinkkindergeld darum geht, die durch Taschengeld, Klassenreisen, Lern-mittelkosten oder Handyverträge der Kinder gefährdete finanzielle Existenz der Eltern zu sichern.

Für ungeplante Sonderausgaben wie ein neues Dach inklusive Solaranlage oder eine Weltreise greifen wir übrigens gern auf unsere "Spardosen" zurück: Konnten wir durch ein Druckmittel die Tochter (wenn du heute Abend das Auto haben möchtest, musst du endlich mal dein Zimmer aufräumen) oder weil der Sohn eine neue Freundin hat (und ihm der Zustand seines Zimmers peinlich ist) das Entrümpeln der Kinderzimmer erreichen, müssen wir anschließend nur die Abfallbehälter durchsuchen, denn aus Bequemlichkeit wird der ganze Zimmermüll in die nächst verfügbare Tonne geworfen, auch wenn es sich um bares Pfandgeld handelt. Oder der Behälter eigentlich für Altpapier, Essensabfälle oder Restmüll vorgesehen ist;

so haben wir inzwischen 4 unterschiedliche Tonnen und somit 4 unterschiedliche Sparschweine. Welches Schweinderl hätten's denn gern? Robert Lembke hätte seine Freude daran gehabt. In diesem Sinne: Prost liebe Kinder, lasst es euch zum Wohle von uns Eltern schmecken.

Und wenn das Penthouse in der Elbphilharmonie bezugsfertig wird, nehmen wir uns die Kronkorken vor.

Tipp 3: Pfandflaschen I

Pfandflaschen, die vom Scanner nicht erfasst werden, kann man durch heftiges hineinpusten wieder in Form bringen, so dass sie das Gerät erkennt. Es ist wie in der Politik: Da funktioniert das Aufblasen von Flaschen ja auch bestens. Und zur Not kann man damit beim Wiederauferstehen von „Wetten dass,..?" auftreten.
Bei der Einfallslosigkeit der TV-Bosse und der Duldsamkeit von uns Quotenvieh kommt das bestimmt...

Tupper

Was war ich verzweifelt: Der „Große Klimaoase" für 23,50€? Verschwunden. Die „Mittlere Tafelperle" zu 25,90€? Weg! Dutzende langweilige Produkt-präsentationen auf ermüdenden Tupperpartys völlig umsonst ertragen? Ich war sogar auf einem Bezirkstreffen und habe das Tupperlied mitgesungen. Und nun sind alle Dosen verlustig gegangen? Und dies nicht etwa in den unergründliche Ecken unseres völlig verbauten Küchenschrankes, wie eine langwierige und nicht ganz ungefährliche Expedition ergab. Aus den toten Winkeln des Unterbauschrankes musste ich in einer aufwändigen Rettungsaktion von Höhlen-bergsteigern aus Bad Segeberg geborgen werden. Ja, wäre das die tiefste Höhle Deutschlands gewesen, ja, dann wären ARD und Spiegel online gekommen, aber so interessierte es nicht mal die Apothekenumschau oder Hamburg 1. Aber egal, auch solcher Ruhm ist vergänglich oder wissen sie noch den Namen des Höhlenforschers aus der Riesending-Schacht-Höhle? Es geht um Tupper. Die Aufzählung über verschollene Küchenhelfer könnte stundenlang so weitergehen. Tupperware rinnt durch unseren Haushalt wie Sand am Strand durch die Finger. Oder wie Geld, denn das Zeug ist wahnsinnig teuer. Aber auch nahezu unverwüstlich, sogar die Mäuse in unserem Ferienhaus, die uns schon Sofas, Kakaodosen oder ganze Kühlschränke zerlegt haben, beißen sich daran ihre kleinen Nagezähnchen aus. Weggeworfen wird es also nie. Zumindest nicht bewusst (neulich habe ich den „Schälfix" für 11,90€ bei meiner routinemäßigen Abfallprüfung aus dem Biomüll gefischt.).

Nein, Hauptgrund für das Verschwinden ist Gier und Gleichgültigkeit, sind Feiern und Feste. Mit Vorzug schulische Veranstaltungen, Weihnachtsfeiern im Sportverein oder alles, wo die Kinder etwas zu essen mitbringen müssen. Insbesondere für Menschen wie uns, denen der Smalltalk nicht so in die Wiege gelegt wurde, die einfach keinen Bock auf immer dieselben Geschichten immer derselben Eltern haben und deren Sitzfleisch eher unausgeprägt ist, sind Feierlichkeiten dieser Art ein Minusgeschäft. Arbeit, Lebensmittel- und Verpackungseinsatz plus abgekautes Ohr versus eine Portion von diesem leckeren Zeug mit Himbeeren (ach, könnte ich bitte das Rezept haben?), dass viel zu schnell alle ist. Wir gehen früh und wenn die „Erste Sahne" (36,80€) noch nicht leer ist, mögen wir sie auch nicht vom Buffet nehmen. Die einzige Möglichkeit wäre, immer nur Frikadellen oder Laugenbrezel mitzubringen, da die immer zuerst aufgegessen werden. Aber so sind wir nicht und meine Frau hat auch noch diesen leicht erzieherischen Ansatz und bietet gern Kohlrabi, Möhren und Paprika samt biologisch-dynamischem Dip weil's so gesund ist. Aber wer will schon der letzte Gast sein und dann noch beim Stühle zusammenstellen helfen? Also hoffen wir darauf, dass unser Kind am nächsten Tag nach der Tupperware fragt und sie nach Hause trägt. Wir hoffen übrigens auch jedes Jahr auf Schnee zu Weihnachten, den Lottogewinn oder dass so viele Socken aus der Waschmaschine kommen, wie hineingetan werden.

Erst seit kurzem hatte ein Umdenken begonnen, dass uns die Freude an den Festivitäten etwas zurückgeben konnte. Es lief ein wenig anders als bei anderen

Haushaltsgegenständen, die mit Vorliebe von den Kindern genommen werden und auch nicht wiederkehren. Stühle, Fahrräder, Paddel, Tische, Akkuschrauber: Etliche Hausstände sind auf unserem Eigentum gegründet worden. Das ging so nicht weiter. Ganze Räume in unserem Haus sind mit der Zeit verwaist. Ich fing an, sofern ich in Einzelfällen überhaupt gefragt wurde, die Dinge mit Pfand zu belegen. Sofern die Verhandlungen (meine Bezeichnung) nicht andere Vorteile für mich ergeben: Putzen des Badezimmers, Staubsaugen, Wischen etc.; die Kinder sprechen immer von Erpressung). Das Pfandsystem ging solange gut, bis der Kampf um zwei meiner scharfen Küchenmesser, die beim Küchendienst auf einem Pfadfinderlager benötigt wurden, um ein Haar eine Katastrophe ausgelöst hätte.

Es sah wieder schlecht aus, doch dann inspirierte mich das mir aus meinem Nebenberuf vertraute Tausch-system von Europaletten, bei dem die Holzpaletten in einem offenen Tauschpool auf Treu und Glauben untereinander hin und her wechseln, zu einer Lösung des Problems. Die Initialzündung war ein „Naschkätzchen" (19,90€) in unserem Schrank, auf den die Freundin unseres Sohnes ihren Namen geschrieben hatte. Wir nahmen es mehr als lustige Erinnerung, so wie man früher Geld markiert hat und sich freute, wenn genau der Geldschein wieder im eigene Portemonnaie landete (was nie geschah) oder so wie man seine Initialen in Bäume und Bänke ritzt. Mit anderen Worten: Wir behielten das „Naschkätzchen" und bauten seitdem unseren Bestand an Tupperware kontinuierlich aus. Zunächst wunderten sich unsere Freunde noch darüber, dass sie plötzlich zu Feiern was für das Büfett mitbringen sollten, wo wir doch früher immer alles selbst zubereitet hatten, doch mittlerweile konnten wir auch das wieder lassen, da der Schrank ausreichend gefüllt ist. Erst nach dem nächsten Sommerfest in der Schule planen wir wieder eine Feier bei uns ein. Sie sind herzlich eingeladen. Wir würden uns sogar übe den unvermeidlichen Nudelsalat und Tomate-Mozzarella freuen. Hauptsache eingetuppert.

Kennen sie den Witz von dem Zöllner, der sich über den Mann wundert, der wöchentlich mit einer Schubkarre voll Sand über die Grenze geht? Der Zöllner vermutete sein Leben lang irgendein Schmuggelgut in dem Sand und suchte immer wieder darin herum. Als beide alt und grau waren, fragte er den Mann, ob er ihm nun endlich verraten würde, was er in dem Sand über die Grenze geschmuggelt habe: Er würde verzweifeln und wolle so nicht abtreten. Und der Mann tat ihm den Gefallen und verriet ihn, was er geschmuggelt hat: Es waren die Schubkarren!

Unsere Schubkarre ist die Tupperware. Bis vor kurzem war es noch Alufolie. Alufolie ist wertvoll. Ein teurer Rohstoff, den es zu recyceln gilt. Mit dem man sich ein Vermögen aufbauen kann. Ich wickle ihn zu einem großen Ball, den ich eines Tages zur Wieder-verwertungsanlage oder einem Altmetallhändler rollen und von dem Gegenwert die Elbphilharmonie zu Ende bauen werde. Mein Sand sind übrigens Frikadellen. Die kaufe ich in der Kantine meiner Firma. Sie sind billig und schmecken nach Brot. Weil sie ja in Wirklichkeit auch ein umgekehrtes belegtes Brötchen sind und von

Rechts wegen nicht durch einen Schlachter, sondern einen Bäcker hergestellt werden müssten. Gelegentlich baue ich sie auch als Bremsbeläge in mein Auto ein. Eigentlich könnte ich gut auf sie verzichten.

Doch ich schweife ab und verliere mich in den Tiefen des Verpackungskosmos. Habe ich wohl von meinem Vater. Er packt alles zehnmal ein. Zuerst in Aluminium. Dann eine Schicht Haushaltspapier, gesichert mit Gummibändern. Das Ganze in eine Plastiktüte, verschlossen mit einem Clip. Er hat wohl keine Tupperdosen mehr.
Ich schlage ihm mal eine Party vor.
Und das muss keine Tupperparty sein.

Klingeling

Ich warte darauf, dass endlich eine meiner neusten bahnbrechenden Ideen im Straßenverkehr zum Einsatz kommt. Gestern erst wieder stand ich an der Ampel, während mein Vordermann in sein Handy tippte, die neuste Praline las oder ein kleines Nickerchen machte. Vielleicht auch alles nacheinander. In Ruhe. Sehr gemächlich. Ich bin ja für das Entschleunigen der Gesellschaft und eher der kuschelige Autofahrer; einer, der auch schon mal zum Verdruss meines Sohnes innerorts unter 80 bleibt und bei Gelb anhält. Andererseits möchte ich aber auch gern im Hellen zu Hause ankommen.

Grüner wird es nicht, dachte ich also und fragte vorsichtig meine Frau, ob ich denn – nach angemessener Wartezeit – hupen dürfte, ohne den restlichen Weg mit einer hitzigen Diskussion oder kaltem Schweigen rechnen zu müssen. Natürlich bin ich als Fahrzeuglenker – wie ein Schiffskapitän – letzte Instanz und der Herr an Bord, aber manchmal ist es für das allgemeine Betriebsklima einfach besser, der Ruhe wegen sich mit den zahlenden Passagieren auf den billigen Plätzen abzusprechen. Ich kenne meine Frau und ihre Einstellung zu ungeduldig hupenden Fahrern, die in ihrer Taxonomie der Verkehrsteilnehmer irgendwo zwischen Hausmaklern auf Kundenbesuch und zu spät geborenen Manta-Fans in ihren 3er-BMW-Potenzschleudern mit "Ich betreibe Bettsport"-Aufklebern am Heck rangieren; also ziemlich südlich in der Nahrungskette und da möchte ich nicht hin.

Trotzdem juckte es mich, zu hupen. Erstens, weil buddhistisches Weg-Ommmmmmmmmmen nicht half und mich – wenn schon, denn schon – zweitens der böse Blick oder der ausgestreckte Mittelfinger des Vordermannes auch zu recht treffen sollte, denn in der Regel drückt immer jemand hinter mir voller Ungeduld und Inbrunst aufs Horn und ich soll es dann wieder gewesen sein. Das Leben ist manchmal ungerecht, denn gerade ich lasse den Ampelschläfern gern genug Zeit zu Entwicklung ihres Abbiegevorhabens. Rechts oder links, das will nicht nur in der Politik und beim Konter im eigenen Stadion gut überlegt sein. Außerdem klingt unsere altersschwache Standardhupe wie ein Konfirmand im Stimmbruch: zittrig und wenig eindrucksvoll; damit erschrecke ich nicht mal Rotlicht-Omis mit Hackenporsche und Krückstock.

Ich stimme meiner Frau jedoch insofern zu, dass die handelsüblichen Hupen neuerer Automodelle (von 8-Klang-Doppelfanfaren will ich gar nicht sprechen) ein mitunter recht aggressives Medium der nonverbalen Kommunikation sein können. Daher hätte ich gern neben der Hupe noch ein "Klingeling" als Ausstattung. Mit einem freundlichen Bimmeln, vielleicht wie früher die Straßenbahn, könnte man viel netter dem Vordermann den Wunsch nach zeitnaher Fahrtwiederaufnahme signalisieren. Auch die mögliche Erinnerung an einen Eiswagen am Nachmittag in der Kehre der Vorstadtsiedlung, eine glückliche Kindheitsreminiszenz meiner Generation oder die heutigen Eismobile an Sonnentagen am Ufer der Außenalster, dürfte positive Assoziationen wecken und die aggressive Grundstimmung im Verkehr befrieden. (Dazu passt meine andere Idee, besonders für Fahrer von Autos, deren Scheiben mit Folien abgeklebt sind: ich hätte gern eine Leuchtdiodenschrift am Autoheck (meinetwegen gesteuert über ein App, heute muss ja alles über das Smartphone gehen!), auf dem man kurze Texte aufleuchten lassen kann: "Danke", zum Beispiel und Tipps für Tankstellen mit billigem Benzin oder die Handynummer für den Flirtfall im Stau.) Wahrscheinlich scheitert meine Idee jedoch an Paragrafen in der Straßenverkehrs-Zulassungs-Ordnung (§55 Einrichtungen für Schallzeichen) oder dass irgendwelche Idioten statt "Danke" lieber "Verpiss dich, Dieselstinker" aufleuchten lassen würden. Aber ich träume weiter von einem freundlichen Miteinander im Verkehr. Auf der Straße und sonst wo. Und wenn es an der Ampel ist. Bitte hupen sie leise...

Klingeling II

Es hat fast bis zur Silberhochzeit und eine ganze Aufzucht von 5 Kindern gedauert, bis ich in die Loge der Väter aufgenommen wurde. Die Kassiererin bei Rewe hat es ausgesprochen und mir den Ritterschlag verpasst:

„Na denn, viel Spaß am Vatertag" – doch die kumpelhaften Blicke der anderen männlichen Kunden und das gutmütig-mild-verständnisvollen Zwinkern der Frauen „Lassen wir ihm an diesem einen Tag mal seinen Spaß" machten mir klar: Mit meiner Palette Dosenbier, der Flasche Billig-Wodka, passend und stilvoll in Sporthose gekleidet, war ich der Paradepapa, der sich für die kommende Vatertags-Tour ausrüstet, um dann mit einer Horde kotzender Halbaffen, samt irre lustigem Hut und fahrradklingelbewährten Spazierstock grölend durch die Gegend zu ziehen. (Ach ja, die verdammte Klingel aus dem Angebotskorb hatte ich für ein Fahrrad einer meiner Töchter auch noch auf das Band gelegt). So fühlt es sich also an, zur Kaste der Väter oder überhaupt dazuzugehören; als wäre man endlich in Erwartung des verpassten Junggesellenabschieds auf der Reeperbahn oder einer zünftigen Siegesfeier in der Umkleidekabine des örtlichen Fußballclubs.

Dabei war die Palette Bier und der Wodka für Nachbarn in Schweden gedacht, wo Bier ein übliches Zahlungsmittel für Gefälligkeiten ist und man nicht nur am Vatertag, sondern zu allen Feiertagen säuft (und der Zeit dazwischen und wenn es dunkel oder hell ist) und der Grund für meinen Aufzug darin begründet lag, dass alle anderen Hosen entweder in der Waschmaschine wuschen oder in der Reisetasche verpackt waren. Meine Erklärungsversuche an die Adresse der Kassiererin wirkten dann selbst auf mich wie matte Ausflüchte (man kann auch sagen Lügen).

Nächstes Jahr um diese Zeit fahre ich dann gleich im Bollerwagen zum Supermarkt.

Klingeling.

Halloween

Halloween-Gegner sollten endlich erkennen, welch vielfältige Möglichkeiten dieser neue Feiertag auch für sie bietet, die an ihrem VW-Jetta den Christen-Fisch herumfahren und mit dem mundgedrechselten Bollerwagen zum Kirchentag ziehen. Oder rummelnden Kindern einen Bonbon mit dem Konterfei Martin Luthers entgegenhalten und 4jährigen Draculas mit bedenklicher Miene langatmig dozieren, warum man am Reformationstag nicht verkleidet von Haus zu Haus ziehen, sondern dem großen Reformator gedenken soll.
Eine Bekannte hat geraten, an Halloween die Klingel abzustellen, doch schlaue Kinder klopfen und das hört sich dann ein wenig an wie Martin Luther beim Anschlagen seiner Thesen in Wittenberg und ist es nicht merkwürdig, dass ausgerechnet Menschen, die sich auf einen Mann berufen, der bestehende Regeln ändern wollte, sich so unaufgeschlossen gegen die Neuerung eines Festes wie Halloween zeigen?
Konfession verfehlt, würde ich sagen. Wie wäre es mit einem Umzug nach Rom oder Teheran?
Einfach mal leben und leben lassen.
Man muss ja nicht gleich im mit leuchtenden Kürbissen geschmückten Vorgarten oder unter dem Carport eine Party mit alkoholischen Heißgetränken, Feuerkorb und Grill veranstalten. Die Kinder haben davon schon mal nichts; der Nachwuchs von heute kann sowieso gar nichts mehr ab und erbricht den Glühwein schon vor den Süßigkeiten auf den TÜV-geprüften Spielteppich "Lekplats" von IKEA. Die Bonbons und Schokoriegel werden an diesem Tag eh nicht gegessen, sondern in einer Art Aftershow-Party gerecht unter den Mitläufern

verteilt, bis sie vom Schlaf übermannt auf einem Bett aus Kaubonbon und Weichlakritze in einen Traum von Karius und Baktus wegdämmern. Schlaue Eltern schaufeln die Süßigkeitenberge dann in der Nacht heimlich mit Schneeschaufeln aus dem Kinderzimmer und lagern sie für das nächste Jahr ein. Deshalb drängt sich eine parallel verlaufende Tupperparty geradezu auf. Die potentiellen Teilnehmerinnen hängen ja wegen der Glühweinfeier sowieso schon im Garten herum (falls jemand Reste von dem Heißgetränk mit nach Hause nehmen möchte, bietet sich der formschöne "Thermowächter" an - Bestellnummer C15).

Der ewige Kreislauf der Süßigkeiten hat zur Folge, dass die Wirtschaft von Halloween auch nur in den Frühjahren der Einführung irgendwann in den 1990er Jahren wirklich profitiert hat. Seit dem zirkulieren die Schokoladen, Bonbons oder Kaugummis, so wie unliebsame Geburtstagsgeschenke, durch die teilnehmenden Familien und werden nur dann und wann durch irgendwelche Reste aus den Tiefen der Küchenschubladen ergänzt. Dass kurz vor Halloween die Regale in den Supermärkten wie leergefegt sind, ist kein Widerspruch. Diese Süßwaren werden jedoch nicht verteilt, sondern beim Vorbereiten selbst gegessen. Die Guten ins Kröpfchen, die Schlechten ins Töpfchen. Nicht in jedem steckt ein Aschenputtel!

Immerhin folgt man damit dem christlichen Grundsatz, keine Lebensmittel wegzuwerfen. So wie bei uns. Am Nachmittag, der aufgrund der Gnade einer gerade erst erfolgten Zeitumstellung wie ein dunkler Abend wirkte und einen viel versprechenden Auftakt in einem Monat voller fröhlicher Festtage wie Totensonntag oder

Volkstrauertag bot, wurden die süßen und aus gutem Grund verschmähten Überreste eines ganzen Jahres in einer Schüssel bereit gestellt. Zerdrückte Twix-Surrogate von Aldi, halbausgewickelte Nimm 2-Atrappen von Penny oder Maoam-Imitate von Lidl. Verschmähte Knickebeinzapfen vom letzten Weihnachtsfest oder Melba-Eier von Ostern. Eine Art Sommerschlussverkauf unserer Süßwarenabteilung. Endlich findet man Verwendung für die Gummibärchen-Werbetütchen der Commerzbank vom letzten Heimatfest oder den bedrohlich wachsenden Haufen der Traubenzuckerlollys, die von freundlichen Drogeriefachverkäuferinnen unseren Kindern angeboten, um sie nicht zu enttäuschen angenommen, aber niemals gelutscht werden. Dasselbe gilt für diese Mini-Schokoladen von McCafé oder Hotelbetten. Auch bietet Halloween eine gute Gelegenheit, überlagerte Tüten mit Kaffeepulver oder Instantsuppe mit den Worten "greift gerne zu, Kinder!" loszuwerden. Der Renner waren in diesem Jahr kleine Zuckerportionen, von denen wir nach einem leider misslungenem Restaurantprojekt der Verwandtschaft etliche Tonnen im Keller eingelagert haben. Man hielt sie wahrscheinlich für Brausepulver und ich stelle mir vor, wie die Tüten erwartungsfroh aufgerissen, in die schmutzigen kleinen Patschehändchen geschüttet und dann in Erwartung eines prickelnden Geschmackserlebnisses abgeleckt werden. Ahoj!

Sehr gut gingen diesmal übrigens Kombiangebote: Zerdrückte Müsliriegel, so eine Art Fruchtmatsch in kompostierbarem Esspapier, die schon 1999 beim irrtümlichen Erwerb im Reformhaus (Kinder, wir müssen auf gesunde Naschereien umstellen!) völlig unattraktiv waren, zu einem Lockangebot mit Panini-Sammelbildchen der WM 2006 verbunden, dem kein Kind widerstehen konnte. Da können Werbeagenturen noch von uns lernen. Ja, Herr Hanuta, die Bilder gehören auf die Packung, nicht nach hinein! Und gleich noch ein Tipp: Sollte man etwas entdecken, bei dem einem das Gewissen doch zu sehr quält, vielleicht weil angekaut oder prähistorisch oder irgendwie pelzig, kann man derartige Naschereien in der Firma anbieten. Je nach Stimmungslage der Belegschaft wird dort fast reflexartig nach Süßem gegriffen, ohne Herkunft oder Zustand zu hinterfragen oder warum der Bonbon laufen kann. Einem geschenkten Gaul schaut man nicht ins Maul. Zucker ist einfach gut für die von Kunden und Lieferanten oder Kollegen und Vorgesetzten strapazierten Nerven. Strategisch günstige Plätze zur Entsorgung solcher Naschereien sind übrigens Großraumbüros und die Schreibtische der Abteilungs-assistenz, weil erstere besonders belasten und man bei der Zweiten gern mal abhängt.

Doch zurück zum abendlichen Rummeln. Leider gibt es diese Supervorbildeltern, die ihre Kinder begleiten und unsere Intention durchschauen. Das sind übrigens die Eltern, die in den folgenden Jahren, wenn der Nachwuchs sich die Begleitung verbietet, Halloween-Partys im Vorgarten veranstalten. Um nicht auf dem ganzen Ramsch sitzen zu bleiben, muss man aufpassen, dass sie nicht nachfolgende Trupps warnen. Zum Beispiel durch Zinken an der Haustür. Deswegen grüne Seife bereithalten und die Mütter mit einem Glas Sekt bestechen. Stößchen! In leicht angeschwipsten Zustand kommt man sich dann auch endlich mal näher als beim Streit wegen der überhängenden Sträucher oder dem Rasenmähen am Sonntag. Neben dem nachbarschaftlichen Kennenlernen bietet Halloween zusätzlich eine wunderbare Möglichkeit, sich einen Ablass eigener Umweltsünden mit den Hinweis auf das recyceln von in Plastik verpackten Lebensmitteln zu verschaffen. Das kann nie schaden, wenn es dann doch einen Schöpfer gibt und man vor ihm steht und erklären muss, warum man nur zu Weihnachten in die Kirche gegangen ist und Luther hat einen guten Mann sein lassen, ohne jemals Kirchensteuer zu zahlen.

Sehr interessant ist das Fest, bei dem es sich auch um eine Erfindung amerikanischer Kürbisbauern zur Überbrückung der Sauregurkenzeit handeln könnte, für den Bereich Großküchen und Essen auf Rädern. Für den gemeinen Garten-Kürbis die einzige Möglichkeit, sich auf großer Bühne zu präsentieren. Diese an sich völlig überflüssige Pflanze findet nur im Nachlauf von Halloween ihre wahre Daseinsberechtigung. "Lachsfilet Halloween", "Pumpkin pie" oder "Kürbis-Risotto" machen nicht nur neo-folkloristisch Appetit, sondern entlasten die "Grüne Tonne", wenn hunderte Jungköche ausschwärmen, die langsam in sich zusammensinkenden Kürbisse aus den Hauseingängen einsammeln und zu leckeren Mittagstischen zusammenkochen, ehe sie von der Stadtreinigung entsorgt werden.
Ohne Halloween gäbe es gar keine Kürbisse und ganze Scharen von Kirchentagsbesuchern würden verhungern. So muss man das mal sehen!

Tipp 4: Pfandflaschen II

Wenn sie irgendwann die Nase voll haben vom Meer der Pfandflaschen in ihrem Keller, die von den Kindern zwar gern ausgetrunken, aber weniger gern zum Supermarkt zurückgebracht werden, können sie die Flaschen wunderbar als Stiefelspanner benutzen. Gut, sie müssen noch jede Menge Stiefel kaufen, aber umsonst ist nur der Tod und Herr Deichmann soll ein guter Mensch sein.

Der Panther hieß nicht Huber

Immer wieder stehe ich vor dem Problem, wie ich in Gesprächen reagieren soll, wenn mein Gegenüber mich mit Namen bombardiert, von dessen Trägern ich noch nie etwas gehört habe. Erst kürzlich erzählte mir jemand, dass sie Ursula bei Frau Wachtenberger mit Gerda getroffen hatte, während sie mit Coco dort auf Urlaub war. Wie immer war auch der Huber da und Emmi verstand sich blendend mit Coco. Wer hat mit wem Urlaub gemacht? Ursula mit Coco? Wer ist Ursula (mal abgesehen davon, dass der Name ein bestimmtes Bild von der Frau in mir aufblenden lässt?) Woher müsste ich Frau Wachtenberger kennen? Hat sie was mit diesem Huber? Was war noch mal mit dieser Emmi, außer dass sie eine ganz eine Liebe war? Gehörte Gerda zu meiner Bekannten oder Frau Wachtenberger? Und wer war überhaupt Coco? Ich war froh, den Namen meiner Gesprächspartnerin zu erinnern, was sie offensichtlich als Ermutigung auffasste oder als großes Zutrauen in mein Namensgedächtnis. Nur so viel: Coco stellte sich als der sabbernde Hund meiner Bekannten heraus und Emmi schien immer süße Zöpfchen zu haben. Oder war es andersherum? Und wer sabberte?

Ich war überfordert und verzichtete auf interessierte Nachfragen, die unweigerlich weitere mir unbekannte Personen ins Spiel gebracht hätten. Oder Hunde. Ich lächelte stattdessen gutwillig.

Anders als neulich. Da trafen meine Frau und ich jemanden, der gern erzählt. Nicht von Leuten, die wir nicht kennen, sondern von sich, was auch ganz schön anstrengend sein kann. Als Gesprächspartner sind wir

90

dann eher als der passive Typ gefragt, der lediglich als gelegentlicher Stichwortgeber interagieren muss. Oder darf. Oder es unbeabsichtigt tut. Meine Frau ist höflich und freundlich zu jedermann, grüßt Spaziergänger im Wald, was ihr freundliche Erwiderungen, aber gelegentlich auch ängstliche Blicke einbringt, denn viele Norddeutsche erwarten keine fröhliche Begrüßung durch Fremden, sondern vermuten den Beginn eines Überfalls. Da wird dann schon mal nach der Brieftasche gegriffen oder dem Hund gepfiffen. Coco, bei Fuß!

Meine höfliche Frau ließ es sich also nicht nehmen, beim Ich-Erzähler nachzufragen, anstatt nur gutwillig zu lächeln. Folge: Eine weitere Lawine von Sätzen donnerte auf uns herab, alle kurzfristigen Zukunftspläne (wie die Renovierung der Küche nach Auszug der Kinder oder die baldige Wiederaufnahme des Spaziergangs) mit schweren Flocken Wortschnees erstickend. Und keinen Bernhardiner Rettungshund in der Nähe, der an der Leine zerrte. Wenn man eine Coco braucht, ist sie nicht da.

"Ich war doch nur freundlich", rechtfertigte meine Frau sich Jahre später oder als wir denn endlich los gekommen waren. Ich weiß nicht mehr, wie lange es dauerte, denn die Batterie meiner Uhr war inzwischen leer. Mir kam meine Gattin vor wie ein Kind im Zoo, das mit ihren höflichen Rückfragen am Käfiggitter entlang ratterte und damit den Panther reizte, der nur in Rilkes Gedicht teilnahmslos in seinem Käfig hospitalisiert, sondern in Wirklichkeit darauf lauert, mit seinen Worten zuzubeißen.

Immerhin wusste ich, wie der Panther nicht hieß: Huber.

Herr K.

Ob Heinz Erhardt, König Salomo, Karl Kraus, der Dalai Lama oder einer anderer dieser Standard-Aphoristiker deutscher Zeitungen an Herrn K. gedacht hat, als einer von ihnen den goldenen Satz "Nähe entsteht durch Distanz" formulierte. Einen Satz, den Generationen von Paartherapeuten aufgegriffen haben, um zu erklären, dass meine Frau mich mehr liebt, wenn ich sie öfter mal allein lasse. Vier Worte, denen unzählige Eckkneipen und Brauereien ihr Überleben verdanken. Eine hilfreiche Weisheit, gemäß der man sich durch Klammerverbot Freiräume lässt, damit einem nicht die Luft zum Atmen genommen wird; Luft, die eine Beziehung angeblich am Leben erhält.

Auf ihre Art nehmen aber nicht nur paartechnische Klammeraffen, sondern auch Leute wie Herr K. ihren Mitmenschen die Atemluft. Eigentlich ist Herr K. ein ganz Netter. Gute Manieren, immer höflich, erhebt sich zur Begrüßung, sagte Bitte oder Danke und hat ein öliges Repertoire italienischer Halbsätze, mit denen er charmant Frauen recht erfolgreich von seiner Weltoffenheit überzeugt. Prego, Grazie und so. Er bestellt die Pizza auf Italienisch und nennt die Kellnerin zum Abschied Signora Bella Donna. Er ist beliebt. Man mag ihn um sich haben. Trüge er einen Hut, würde er ihn zur Begrüßung lüpfen. Er ist belesen und fröhlich, lächelt viel und durchaus gewinnend und hat nur zwei Probleme. Er sucht leider im Gespräch außerordentlich stark die Nähe und stinkt aus dem Mund wie ein Iltis in der Brunft.

Herr K. ist einer dieser Menschen, die einem ganz dicht auf den Pelz rücken, wenn sie etwas zu erzählen haben. Nicht auf Rufweite oder Armlänge, sondern vorgebeugt auf Nasenabstand. Ich habe gern eine gewisse Distanz zwischen meinen Ohr und des Redners Mund, doch Menschen wie Herr K. kommen mir so nahe, dass ich direkt in den Rachen sehen kann. Da ich kein Zahnarzt bin, habe ich daran kein gesteigertes Interesse, auch wenn ich mittlerweile weiß, dass seine Sechsjahrmolare eine apikale Parodontitis aufweisen. Also versuche ich mich dezent zurückzuziehen, doch wie ein Schatten oder ein Gummiband kommt Hr. K. nach und bleibt auf Nasenlänge. Ein stiller Tanz beginnt: Er kommt näher, ich rücke ab; ich ducke mich, er geht in die Knie. Es ist aussichtslos. Sofern ich etwas Geeignetes in der Hand halte, eine Zeitung oder einen Aktenvorgang, versuche ich ihn, zwischen Herrn K., den Geruch und mich zu schieben. Das geht nicht immer ohne Verwunderung seinerseits und man möchte ja auch nicht unhöflich wirken, aber ich habe eine Familie zu versorgen und schlichtweg Angst, schwere Krankheiten davonzutragen oder bewusstlos umzukippen und mir dabei das Genick zu brechen. Und es ist nicht nur die Angst und der Gestank, die mich quälen; auch treibt mich die Frage um, ob man Herrn K. auf seinen Mundgeruch aufmerksam machen darf. Das ist so wie mit einem offenen Hosenstall (womit ich nicht sagen will, dass der Geruch derselbe ist!); man hat ein wenig Angst, den anderen in eine peinliche Situation zu bringen. Zwar ist der Moment, wenn man jemandem auf die offene Hose anspricht, eben nur ein Moment und ein ganzer Tag mit offenem Schlitz ist letztlich viel länger peinlich; dennoch bleibt es eine schwierige Frage, besonders für

Frauen: Wo guckt die denn hin! (Ein kleiner Tipp: Manchmal soll man die Sache, statt etwas anzumerken, ja selbst in die Hand nehmen; Müll aufheben, ein Fenster schließen oder so. Beim Hosenstall verbietet sich das in der Regel, es sein denn, diese Dienstleistung gehört in ihr berufliches Leistungsportfolio.)

Dass etwas mehr Distanz Nähe und Wohlbehagen schaffen kann, gilt auch für einen anderen Typ des Nähesuchenden. Herr K. hat Seelenverwandte. Man trifft sie an der Kasse handelsüblicher Supermärkte. Obwohl der Laden hundert Meter lang ist, steht er direkt hinter mir, kriecht mir quasi in den Kragen oder fährt, falls er mit einem Einkaufswagen oder Rollator bewaffnet ist, gern mal in meine Hacken. Er schaut mir interessiert über die Schulter, was ich denn so in meinem Portemonnaie habe, reibt sich an meinem Rücken und lässt mich unfreiwillig teilhaben an seinen Ess- und Deo-Gewohnheiten. Dabei unterhalte mich ja gern mal mit jemandem, wenn wie üblich die Wartezeit ausufert, weil gerade an meiner Kasse das Thermo-Papier für den Bon zu Ende ist oder jemand im Laden den Preis für die Kondome herausfinden muss. Nur zu eng soll er mir dabei nicht auf die Pelle rücken, denn das ist nicht immer angenehm, insbesondere, wenn man, so wie ich, für intime Momente der Nähe abgeschiedene Orte und einem bekannte Personen bevorzugt. Oder meine Frau in der Nähe ist und mich fragt, warum die Dame hinter mir sich so an mich pressen würde. Ist der Drängler dann noch Herr K. mit seinem Iltis-Odem, wird es richtig schlimm. Getoppt wird diese fürchterliche Nähe, wenn man im Schwimmbad an der Rutsche ansteht. Alles ist heiß und schwül und man kann sofort spüren, wie sehr einen der Hintermann in seinen modischen Eierkneifern mag.

Vielleicht mag ich ihn auch, aber ich begehre ihn nicht. Dabei meinen es Herr K., Kassenschlangen-Pelle oder Rutschen-Rudi eigentlich nur gut. Sie wollen nach den von Therapeuten und Psychologen gepredigten Näheregeln leben. Regeln wie beispielsweise das Gummibandprinzip, gemäß dem der eine Partner automatisch nachkommt, wenn sich der andere zurückzieht. Nähe entsteht durch Distanz. Doch gut gemeint ist nicht immer gut gemacht. Und das Gummibandprinzip funktioniert auch in der Liebe nur, wenn beide Partner wollen! Ich dagegen möchte diese Nähe nicht. Möchte nicht von der Vollbusigen an Kasse 3 gedrückt werden oder den heißen Iltis-Atem von Herrn K. inhalieren. Ich möchte einfach nur leben.

Leben währt durch Distanz!

Vielleicht finde ich mich ja auch bald in einem Aphorismen-Büchlein zusammen mit dem Dalai Lama.

Wunderheilung

Der gewöhnliche Bedürftige fährt für eine kleine Wunderheilung ja bekanntlich nach Lourdes oder Fatima, um dort durch Beten, etwas Wasser oder dem Berühren versteinerter Tränen von Krankheiten oder anderen Bekümmernissen geheilt zu werden. Eine ganze Industrie hat sich mancherorts entwickelt; ein fetter Kuchen, von dem sich nicht nur der örtliche Pfarrer, sondern auch Reiseveranstalter, Gaststätten oder der Bäcker ein dickes Stück abschneiden.

Und wir in Hamburg gucken in die Röhre. Dabei haben wir doch vor Ort Phänomene (wie etwa eine handelsübliche Marienerscheinung in Portugal) nicht nur alle hundert Jahre, sondern fast wöchentlich. Und ich meine damit nicht etwa Wunder wie pünktliche Züge am Hauptbahnhof, eine "Grüne Welle" auf dem Ring 3, Tageszeitungen ohne ein Foto von Sylvie van der Vaart – pardon, Meis – oder zwei Tage ohne neue Hiobsbotschaft zu den Kosten der Elbphilharmonie.

In unserem kleinen Haus am Rand der Stadt ereignen sich regelmäßige Wunderheilungen. Und verlassene Tante-Emma-Läden, in die wieder Bäcker, Kneipen und Devotionalienhändler einziehen könnten, hätten wir „Ich-bin-doch-nicht-blöd-sei-Dank" auch genug!

Als unsere Kinder noch klein waren, gelang die Erklärung dieser Vorgänge recht einfach und bedurfte auch keiner Einreichung bei der Kongregation für die Selig- und Heiligsprechungsprozesse in Rom: So schrie und weinte eine unserer Töchter zum Beispiel im Kindergarten, als hätte ihr die kleine Laura-Nadine ein schurwollbestrumpftes Bein ausgerissen oder der böse

Dennis-Maximilian ihr mit dem mundgebissenen Filzwichtel eins über den Kopf gehauen, doch letztlich war es nur eine kleine rote Wunde auf der Hand, die konstant zu bluten schien. "Ich verblute, ich verblute", war dann auch ihre schrill und mit Andeutung einer Ohnmacht geäußerte Befürchtung, doch, o Wunder, stellte sich das Blut als kleiner Nagellack-Fleck heraus und plötzlich ging es ihr wieder gut. Um das zu deuten, benötigt man keinen Papst.

Heute erklärt sich die spontane Genesung nicht mehr so leicht, auch wenn unsere Kinder immer noch der lebende Beweis für Wunderheilungen sind. Insbesondere an Tagen ohne Anfangs-S, mit Schule oder anstehenden Klausuren quält sie regelmäßig morgens Kopfschmerz und ein heftiges Unwohlsein. Oder sie haben Rücken, als hätten sie ihr Leben lang Kaffeesäcke im Hafen geschleppt. Das Aufstehen scheint unmöglich; entweder bleiben sie unterschiedlich still leidend liegen oder werden von uns Eltern zur Schule genötigt. Von herzlosen Erziehungsberechtigten zu einem Gang gezwungen, den sie nur unter wüsten Beschimpfungen antreten oder mit vernichtenden Blicken quittieren, die allein schon Lahme zum Gehen oder Felsen zum Weinen bringen können. Gern wird dabei auf Krücken zurückgegriffen, die allzeit bereit im Keller liegen und, wenn sich die Kleinen dann wie Kriegsgefangene auf dem langen Marsch nach Sibirien zur Schule schleppen, ein fruchtbarer Resonanzboden für unser Rabenelterngewissen sind.

97

Doch dann: Das Wunder. Am Nachmittag kann derselbe Mensch, dessen Kniegelenke Stunden zuvor noch irreparabel geschädigt war und einer Rundumbetreuung wie auf der Privatstation bedurfte, fröhlich Salti auf dem Trampolin springen und eine vor Fett triefende Tiefkühlpizza in den am Morgen von Krämpfen geschüttelten Bauch einschieben. Wie in einer amerikanischen Pfingstgemeinde fliegen nach der göttlichen Erleuchtung die Unterarmgehilfen in die Luft, halleluja, Lahme werden gehend, Blinde sehend und auch abendliche Festivitäten in Clubs des nahen und fernen Umlands sind plötzlich "safe, Digger". Die Kopfschmerzen, die keinerlei Geräuschbelästigung in Form grundsätzlicher Gedanken zur Schulpflicht oder solidarischer Mithilfe im Haushalt ertragen ließen, lösen sich in Luft auf wie der Inhalt eines Weihrauchfasses zur Messe im Petersdom. Nur die Kopfschmerzen des darauf folgenden Tages sind nicht einmal bei uns wunderheilbar. Da helfen nur Ruhe, ein saurer Hering oder die Fahrt nach Lourdes.
Aber bitte während der Schulzeit.

Tipp 5: Zwiebeln schneiden

Zwiebel kann man wunderbar schneiden ohne zu weinen, in dem man durch den Mund atmet. Man darf auf keinen Fall durch die Nase Luft holen und um das sicherzustellen, sollte man während des Schneidens auf ein Stück Holz, z.B. einen Kochlöffel beißen. Es läuft dann zwar der Sabber aus dem Mund wie bei einem Hirsch in der Brunft, aber immerhin tränen die Augen nicht. Und wenn man sich aus Versehen schneidet, hat man gleich ein Beissholz parat.

Wunderheilung reloaded

Meine Frau ist ein ruhiger Mensch. Sie sieht in jedem das Gute, hält zur Not auch noch mal die eine oder andere Wange hin und hat nur gelegentlich in unserer Ehe mit einer Fernbedienung nach mir geworfen.

Was sie aber gar nicht leiden kann, ist, wenn ihre Töchter (mein Sohn und ich sind fein raus, seit wir keine Eyeliner, Nagellacke oder Gesichtswaschcremes mehr benutzen) sich an ihren Schmink- oder Körperpflegeprodukten bedienen oder genauso ungefragt andere Dinge des täglichen Lebens von ihr verwenden. Das kann alles sein: Stifte, die hinter nicht mehr schreiben; der Laptop, der plötzlich unerwünschte neue Programme aufweist oder gar nicht mehr will; das Fahrrad mit dem obligatorischen Platten. Natürlich war nie eines der Kinder schuld oder wahlweise die gerade nicht anwesende Schwester Verursacherin. In solchen Momenten bricht sich dann auch schon mal bei meiner ausgeglichen Frau die Verzweiflung ihre Bahn.

Kürzlich war es mal wieder soweit. Eine ihrer unzähligen Sonnenbrillen war kaputt. (Das Adjektiv beinhaltet übrigens keine Kritik, sondern beschreibt meine Verwunderung im Sinne der alten Cowboy-Weisheit, dass man mit einem Arsch keine zwei Pferde reiten kann.)

Ein böser dicker Kratzer mitten im Blickfeld machte ihre Lieblingssonnenbrille unbrauchbar.

Oh je.

Ich versteckte die Fernbedienungen und suchte einen Schutzraum auf, um den Sturm abzuwettern. Und natürlich hatte niemand die Brille genommen oder gar zerkratzt, hörte ich es aus meinem Versteck.

Aber alles ist für irgendwas gut im Leben.

In diesem Fall konnte sich eine meiner Töchter endlich dafür revanchieren, über Jahre als Objekt einer lustigen Geschichte hergehalten haben zu müssen, in der eine angebliche Wunde auf der Hand zu äußerst schrill geschrienen und mit der Andeutung einer Ohnmacht verbundenen Befürchtungen des sofortigen Verblutens geführt hatten.

Nachdem die erste Wut über die unerlaubte asoziale Benutzung und totale endgültige Vernichtung der Brille verklungen war, nahm besagte Tochter meiner am Boden zerstörten Frau die Brille aus der einen und die Fernbedienung aus der anderen Hand, tätschelte ihr mit mütterlicher Güte über den Kopf, hauchte kurz über das Brillenglas – und rieb, wie ihre Mutter damals die Wunde von der Hand, einen dicken Kratzer vom Glas. Quitt!

Handelsbeziehungen

Mitten in Altona. Es tobt der abendliche Kneipenwahnsinn. Im Weltladen vor uns hält ein Mann in Birkenstocksandalen vor Frauen mit eckigen Brillen und angenommenen Doppelnamen einen Vortrag über den fairen Kaffeehandel mit Kleinbauernkooperationen in Costa Rica.

Ich lehne an Sinikkas altem Opel und dämmere langsam weg, denn unaufhaltsam rinnt aus einem Loch im Tank Benzin und schwängert die Gegend mit dem feinen Duft von Shell 95. Geld für eine Reparatur ist nicht vorhanden. Man muss Prioritäten setzen. Mode oder Umwelt. Meine Frau steht etwas abseits und freut sich mit leicht benebelt über den Anblick von drei tollen Töchtern.

Drei tollen Töchtern, die sich gleich in die Haare kriegen werden, denn Sinikkas Blick fällt auf die Schuhe ihrer jüngsten Schwester.

„Was ist das denn?" ruft sie überrascht.

„Meine neuen Schuhe", erwidert Riikka ohne Argwohn.

Sinikka stemmt eine Hand in die Hüfte, wendet den Kopf mit einem eleganten Schwung zu Vigdis und stellt in bester RTL2-Reality-Soap-Manier fest:

„Das glaube ich ja wohl nicht."

Vigdis sieht Sinikka erstaunt an und wird von ihr angeraunzt:

„Das ist nicht dein Ernst, oder?"

„Wieso?"

Sinikka zeigt auf Riikkas bunte Joggingschuhe, die nur für einen Außenstehenden so aussehen, als wären sie nicht der neuste Schrei, sondern aus einem Altschuhcontainer irgendwelchen barfüßigen Straßenkindern aus Nairobi vor der Nase weggeschnappt worden. Ihre kleine Schwester tippelt auf der Stelle, als ob sie in die Hose gemacht hätte. Sie ahnt, was kommt, ergänzt aber trotzdem in einem Tonfall, den böswillige Menschen als angedeutet hämisch verstehen könnten:

„Die hat Vigdis mir verkauft."

Nä-nänä-nä-nä!

„Die hast du mir versprochen", presst Sinikka in Richtung der großen Schwester durch ihre Zähne.

Vigdis schluckt in Ermangelung einer spontanen Antwort wie ein Vogel beim wassertrinken und versucht, die Angelegenheit ruhig auszusitzen Es wirkt immerhin in so weit, dass Sinikka sich langsam formulierende Beschimpfungen unterdrückt und stattdessen Riikka nach dem Kaufpreis fragt.

„60 Euro."

„Ich biete 100!" versucht Sinikka es und reflexartig stößt Riikka ein Knurren aus.

Vigdis ringt weiterhin nur mit den Armen und murmelt etwas, das mit Ruhe und Gelassenheit oder in Ruhe gelassen werden wollen zu tun hat.

Minutenlang stehen die Kampfhähne da. Das Benzin stinkt. Die Straßenkaffeebesucher singen und lachen und bestellen Latte macchiato oder ein Astra. Das Problem eines fairen Handels in Mittelamerika wird wohl, glaubt man den Gesichtern der Weltladenfrauen, nicht zufriedenstellend im Sinne der Kooperative, gelöst. Wer am Ende mit den Turnschuhen nach Hause ging, vermag ich nicht mehr zu sagen. Der Benzinduft, sie verstehen.

Aber ich bin guter Hoffnung.

Der Warenfluss in der großen weiten Welt ist mindestens genauso kompliziert wie der in unser kleinen Welt „Familie". Wenn wir trotz der ständigen Klassenreisen, Kindergeburtstage oder Heizkostenabrechnungen noch Geld übrig hätten, würde ich es so machen wie der Vater in England, der vor 10 Jahren 100 Pfund darauf gewettet hatte, dass sein Sohn eines Tages für Manchester United auflaufen würde. Der Sohn schaffte es und der Mann gewann umgerechnet 12.500 Euro. Ich möchte wetten, dass meine Kinder eines Tages für die UNO oder eine ähnliche Organisation arbeiten und das Problem der Verteilung der globalen Ressourcen in der Welt lösen werden. Wer unsere Familie überstanden hat, kann alles!

Denn nicht immer geht es dabei so einfach zu wie gestern, als zwei meiner Töchter über eine Winterjacke debattierten:

„Warum hast Du meine Jacke an?"

„Lag in meinem Schrank."

„Ist meine."

„Weiß ich."

„Ist meine." (Betonung latent aggressiv-fragend für Begriffsstutzige)

„Hat Mama aber in meinen Schrank gelegt."

Wieder dieses aus Altona bekannte Knurren, dass alle Kinder beherrschen.

„Schenkst du mir die Jacke."

Es folgt das bekannte Vogelzeichen.

„Darf ich sie anziehen?"

„Nein."

Damit war die Sache erledigt.

Das Jacke wurde natürlich trotzdem angezogen und entweder verloren, vollgekotzt oder in einen anderen Schrank gehängt und im Zweifel von uns Eltern nach dem Wintereinbruch mit den ersten kalten Tagen ersetzt. Diese Kleidungsstücke sind reine Saisonware. Der Ruf nach einer unbedingt und total nötigen neuen Winterjacke kommt garantiert zeitgleich mit den ersten Klängen von „Last Christmas".

Aber nicht immer löst sich das auch für Juristen interessante Geflecht aus Mode, Eigentum und Besitz einfach durch Aussitzen. Kürzlich hörte ich den entzückten Aufschrei von Tinna durch das Haus hallen: „Klasse, mein Top, das habe ich lange gesucht."
Leider lag das Top nicht in ihrem Zimmer, dem Wäschekorb oder zumindest dem Schrank einer Schwester, sondern umschmeichelte ihre Schwester Sinikka.
„Hä, das habe ich von Vigdis."
„Es gehört mir."
„Gehörte."
„Das ist meins. Ich habe es mir in Australien gekauft."
„Was? Ich habe Vigdis dafür gestern 20 Euro bezahlt."
Und wieder dieses Knurren. In schwesterlicher Solidarität. Mit der kaum verhehlten Drohung juristischer Überprüfung. Da werden wir wohl demnächst unsere theatererprobten Kinder im Privatfernsehen vor einem Fernsehgericht erleben. Der arme Richter Holt!

Schön zu sehen ist, wie sich immer wieder unterschiedliche Mikrogruppen in der Großgruppe

„Familie" bilden. Koalitionen in wechselnden Farben. Kleine Kooperativen. Wie in Costa Rica. Vigdis schwieg, da sie nicht zugegen war und man darf gespannt sein, wie die Sache mit dem Top ausgeht. Mal gucken, ob meine Frau in dem Schauspiel wieder eine Nebenrolle ergattern kann. Ich suche mir schon mal einen Logenplatz. Dazu einen Becher fairen Kaffees. Aber nicht im Benzindampf; das möchte ich bei vollem Bewusstsein erleben.

Sitzpisser

Manche Kollegen scheinen mittlerweile nur zum Ausleben sanitärer Sehnsüchte in die Firma zu kommen und nicht deshalb, weil der Chef so ein Menschenfreund, der Büronachbar so nett und das Gehalt fast zu üppig ist.

Kürzlich wurde uns ein neues Herren-WC feierlich eröffnet. Der Vorstand war an diesem Tag anwesend und redete wie immer von Unternehmensleitbildern, Nachhaltigkeit und das wir weniger verbrauchen und trotzdem besser leben könnten. Keine Ahnung, ob er damit das Klopapier oder Ressourcen allgemein meinte. Er sprach Vorstandsdenglisch, da war ich froh, überhaupt etwas zu verstehen.
Wir haben jetzt zwei Kabinen und ein Urinal. Weiße Fliesen, schummrige Beleuchtung, kuschelige Enge bei Volllast. Mit anderen Worten: Das WC wird gut angenommen und es scheint fast so, als wenn so mancher Kollege sein großes Geschäft von der heimischen Toilette auf den Firmensitz verlegt. Ein gemütliches Rascheln deutet dann schon mal auf interessante Lektüre der einschlägigen Tageszeitungen hin, gelegentlich piept und klackt es – es ist ein Ort, in dem man sich in Ruhe der aufgeschobenen SMS oder Facebook & Co. widmen kann, ohne vom Chef kritisch beäugt zu werden. Was machst du gerade: Sitze auf dem Klo. Gepostet via Android vor 10 Minuten in der Nähe von…Arbeitsplatz. Auch lassen sich in der Abgeschiedenheit der schlichten Zelle einfach mal die Augen schließen, um etwas Erholung von der Hektik des Alltags zu finden. Sanitäres Powernapping im

keramischen Kloster.

Der Flurfunk, besser: Scheißhausparolen, besagen, dass die Geschäftsleitung diesem Trend entgegensteuern möchte, in dem man sich für den Toilettenbesuch demnächst aus dem Zeiterfassungssystem ausloggen muss, um so in seiner Freizeit abzutreten. Das erinnert an Ideen der Nichtraucherfraktion, die Selbiges von den Rauchern verlangt, wenn die stündlich für eine Zigarette in den Raucherraum verschwinden und mit Hin- und Rückweg gut ein Sechstel weniger arbeiten als die rauchfreien Kollegen (die ihrerseits fast dieselbe Zeit brauchen, um alle Rauchergänge statistisch zu erfassen oder mit Leidensgenossen zu diskutieren). Die Nikotin-Junkies kontern dann gern mit dem Verweis auf die Kaffeesüchtigen und wollen auch deren Abhängigkeit in die Freizeit verlagern. Eine Spirale der Intoleranz und des Neids, in der am Ende die rauchenden Kaffeetrinker mit Diarrhö auf der Strecke bleiben und das Feld asketischen Teefans überlassen werden müssen, die ihre Flüssigkeitszufuhr während der Fahrt mit dem Trekking-Bike einfach nur in Helm und Funktionsjacke ausschwitzen.

Ebenso ins Leere läuft übrigens der der Versuch, große Geschäfte durch Anschaffung eines Toilettenpapiers mit 60er Körnung (entspricht Schleifpapier zur Entfernung von Leim- und Farbschichten) auf die heimischen WC-Brillen zurück zu verlagern. Es soll zartbesaitete Seelen geben, die lieber die Sitzauflagen aus Seidenpapier für den schonenden Wisch verwenden, falls sie die Toilette tatsächlich doch einmal wie vom Bauherren geplant, verwenden und dort nicht lesen, elektronische Freunde kontaktieren oder ruhen. Dann sogar im Sitzen.

Die meisten Männer wollen das nicht. Sie spüren eine genetisch verankerte Angst aus Zeiten, in denen Mann sich gegen den Säbelzahntiger oder einen benachbarten Neandertaler schützen musste. Das ging besser im Stehen, mit dem Knüppel in der Hand. Doch heute sind mittlerweile viele Männer so domestiziert, dass sie nicht nur mit ihren Frauen „Gilmore Girls" oder „Sex in the City"-artige Sendungen im Fernsehen anschauen ohne zu murren, sondern wider der männlichen Natur aus Furcht oder aufgrund falsch verstandener, aber politisch total korrekter Solidarität sich auch zu kleinen Geschäften niederlassen. Eine Notwendigkeit, die in der Firma entfällt. Die dortigen Putzkräfte sind im Gegensatz zur eigenen Frau ausgezeichnet bezahlt, freuen sich noch über jeden Urinfleck und kommen nach Feierabend, womit sie quasi gesichtslos und fremd bleiben, was es erleichtert, dem tiefen inneren Wunsch nach Erleichterung im Stehen nachzugeben, ohne Vorhaltungen erwarten zu müssen. Falls man zuhause selbst putzt, entfällt dieser Aspekt; dafür möchte Mann im Büro meistens keinen Sex mit dem Mitklobenutzer, was ebenfalls die Herabsetzung der Hemmschwelle für stehendes Urinieren erleichtert.

Apropos Putzen, eine Tätigkeit, die in einem Atemzug mit unserem WC zu nennen ungefähr so passt wie Papst und Empfängnisverhütung. Aber das ist ein anderes anrüchiges Thema. Unter unserem nagelneuen, elegant geschwungenen Diensturinal aus Kristallporzellan, auf dem selbst Pantoffelhelden nicht im Sitzen pinkeln müssten, sammelt sich regelmäßig eine gelbe Lache. Hier ist entweder ein Kollege zu klein und versucht verzweifelt, in das Becken zu strullern oder er nimmt tatsächlich auch hier Platz und trifft dann aus anatomischen Gegebenheiten natürlich nicht mehr in das Becken hinein. Auch der klassische schriftliche Hinweis vom Bahnhofsklo „Tritt näher, er ist kürzer als du denkst" half bisher nicht. Es bleibt eklig, aber zumindest ich möchte hier ja auch nicht essen, auch wenn das Urinal „Keramag" heißt und entfernt an „Caramac", eine übrigens nuss- und eifreie Süßigkeit meiner Jugend, erinnert. Immerhin dient die gelbliche Pfütze als Menetekel, dass es noch schlimmer kommen kann. Betritt man nämlich die Kabinen, erkennt man schnell, dass auch hier tiefe Sehnsüchte nach einer anderen Form des Abtritts oder der Wunsch, ganz woanders zu sein, ausgelebt werden. Haufen leerer Klopapierrollen wirken wie leere Schalen geschlüpfter Meeresschildkröten in der Südsee. An einem weißen, weichen Strand vielleicht, an den die seidigen Sitzauflagen überall auf dem Boden erinnern. Wie eine Sumpfmangrove steht die unberührte Klobürste in der Ecke und spendet Schatten, ehe einen der Verzicht auf Lüftung trotz bedenklich hoher Gaskonzentrationen zurück ins hier und jetzt holt und an Sauenmastbetriebe in Niedersachsen denken lässt. Breite Bremsspuren in der WC-Schüssel erfreuen nicht nur den Nachsitzer olfaktorisch und visuell, sondern regen den Hobbywissenschaftler an, sich über Konsistenz und Farbe der Kotreste ein Bild vom Ablasssünder zu machen und etwaige Erkrankungen zu diagnostizieren. (Auch dazu inspiriert übrigens die Lache unter dem Urinal: Die stark gelbe Färbung könnte ein Hinweis auf eine Hepatitis sein. Womöglich aber auch nur auf „Morbus Meulengracht" oder eine zu geringe Flüssigkeitsversorgung. Ich würde zu einem Vorsorgetermin beim Hausarzt raten.)

Und wenn man dann zum krönenden Abschluss einen Kollegen beim männlichen Verzicht auf das Händewaschen beobachten darf (hat man je einen Cro-Magnon-Mensch mit Wasser und Seife gesehen?), wird ein rundum gelungener Firmentoilettenbesuch würdig abgerundet und man freut sich auf den nächsten Gang. Facebook wartet schon.

Der Koch im Manne

Und wieder stellt sie sich: Die Frage aller Fragen. Was war zuerst da? Das Huhn oder das Ei.

Aktualisiert: Die Kochshow oder die gesellschaftliche Wiederentdeckung des Kochens.

Letzteres ist ja in unserer heutigen Zeit mit Familien, die sich nur noch zu Weihnachten um einen Tisch scharren und in denen das gemeinschaftliche Abendbrot dem beiläufigen Einwerfen einer Tiefkühlpizza gewichen ist, gar nicht hoch genug zu bewerten. Selbst dem feierlichen Mittagessen am Sonntag scheint so eine Renaissance beschert zu sein. Auch wenn es sich aus der nur für diesen Zweck geheizten guten Stube auf den zugigen, liebevoll mit Abfall geschmückten Parkplatz zwischen dem Drive in von McDonald's und der Jet-Tankstelle verschoben hat. Statt der festlich auf Damast gedeckten Tafel mit den feinen Stoffservierten, dem Silberbesteck und dem edlen Meissner Porzellan, nun eben Pappbecher und Papiertüten. Hauptsache, man sitzt zusammen. Platz ist im kleinsten Wagen. Immerhin muss man sich um den Abwasch keine Gedanken machen: Den kann man hinterher einfach vor die Autotür kippen.

Auch Kochshows müssen per se keine schlechte Sache sein. Grundsätzlich spricht nichts gegen diese Abwechslung von den üblichen juristisch fragwürdigen Gerichtsshows, Tierparkdokusoaps und Auswanderersendungen mit arbeitslosen Nagelstudiobesitzern, die erstaunt feststellen müssen, dass die Amtssprache in Norwegen Norwegisch ist und nicht irgendein sächsischer Bergdialekt. Kochshows vergrößern also die Unterhaltungsvielfalt. Wie übrigens auch Rohrbrüche zu Weihnachten und Pferdeleistungsschauen bei Dauerregen. Oder, um wieder näher zum Thema zu kommen, Zahnwurzelbehandlungen beim fröhlichen Zahnarzt ihres Vertrauens:

„Wie geht's es denn der Familie?"

„Hahagahahbabgahabgahhaahaba!"

„Auch ja, das ist prima."

„Aahahgabhaahaaga!"

„Genau. Und nun machen sie bitte den Mund weit auf. Hmmh, sie essen gern? Schmieren sie auch immer schön Butter oder Margarine auf ihr Marmeladenbrötchen? Das ist wichtig: Fette isolieren nämlich die Zähne gegen den Zucker."

Aha.

Der Dentist hat es erkannt. Wie auch die Waage in unserem Bad oder der Gürtellochversand, bei dem ich seit Jahren Stammkunde bin: Ich esse gern.

Und ich koche gern.

Und das Fernsehen liebe ich sowieso.

Kochshows sollten eigentlich für mich gemacht sein. Und ich voller Dankbarkeit, geben sie doch dem Mann in mir endlich die Möglichkeit, mich mit anderen Männern zu messen. Mit meinen Autos, meinen Motorrädern oder meinen Mobiltelefonen ging das nie. Die Familienkutsche sieht immer so aus wie der Parkplatz vor Würger King, für ein Motorrad bin ich noch nicht grau genug und mit meinem Handy kann man nur telefonieren und keine Rezepte auf chefkoch.de abrufen.

Bäng! verspüre ich einen leichten Klaps meiner Frau. Ich weiß, ich gerate ins Träumen, denn so richtig kann ich mit den neuen Kochkerlen immer noch nicht mithalten. Wenn die von ihren Hightech-Kühlschränken zum Preis eines Kleinwagens schwärmen, denke ich an unser tropfendes, surrendes und stromfressendes Ungeheuer von Privileg. Wo ihre Keramikmesser in der Sonne schimmern wie die frisch polierte Harley auf der Fahrt in den Sonnenuntergang, gniedel ich mit meinem alten Sparschäler an widerspenstigen Nachtschattengewächsen herum. Und mein deutscher V-Hobel ist ein Holzbrett, ein schartiges Haikumesserimitat aus Solingen sowie ein ungefährer Siebziggradwinkel.

Zumindest aber bin ich mit meinem Hobby nicht allein. Laut Statistik haben gerade Männer das Kochen für sich entdeckt. So können wir Töpfe schwingend gleich zwei genetisch verankerte Notwendigkeiten ausleben. Zum einen wird das Kind im Manne befriedigt. Kochen als Spiel, die Küche als Abenteuerspielplatz mit Feuer und Wasser, das ist immer interessant. Dazu Teig als Baggermatsch und einen Kochlöffel anstelle der Schaufel, mit dem man dem Spielkameraden auch mal eins auf die Finger geben kann. Nicht umsonst sind Schläge im Küchengewerbe auf der Tageskarte. Aber auch der Schürzenjäger ist angesprochen, nur wird er zum Jäger mit der Schürze und kann mit seinem Kochkünsten dem Nebenbuhler imponieren, um die Angebetete für sich zu gewinnen – angeblich stehen Frau auf Männer, die Kochen können. Nicht umsonst geht Liebe durch den Magen. Außerdem freut es die Frauen, das Chaos in der völlig eingesauten Küche beseitigen zu dürfen, denn das kann der Mann natürlich nicht auch noch machen.

Doch woher kann Mann kochen; hat es sich doch in den letzten Jahrzehnten von der notwendigen Vorbereitung einer Bedürfnisbefriedigung zur exklusiven Kulturtechnik gewandelt, die kaum noch von Müttern oder gar in den Schulen gelehrt wird? Und Jungens schon gar nicht. Das Anhängen eines Speisewagens an den H0-Zug war früher ausreichende Bearbeitung dieses Themas. Bei Lego gab es ein Krankenhaus, aber keine Kantine. Heute haben Ego-Shooter keinen Hunger. Das Kopfabbeissen virtueller Gegner gilt dabei nicht als Essen.

Auch die Technik hat sich gewandelt. Aus Gas oder Platte wurde Ceran und bald ist auch die überflüssig, denn zum Aufwärmen braucht es nicht viel. Schon ein Handy soll ausreichend Mikrowellen zum Garen leichter Speisen ausstrahlen und im Notfall liegt der Imbiss sowieso näher als der Vorratskeller. Noch mal: Ein Hoch auf McDoof.

Doch immer, wenn eine Zielgruppe ungeschützt durch die karge Steppe der Gesellschaft zieht, kommt von irgendwo ein Zeitgeist und fängt sie sich ein: Besonders den Mann, bei dem eine bloße Haushaltstätigkeit nur durch sein Geschlecht zu einer Kunstform hochsterilisiert wird. Mit Kochmagazinen für ganze Kerle, für naked chefs, mit viel Blut und Schärfe, mit nackten enthäuteten Kaninchen oder brandheißen Messertest, die den Jäger und Sammler in den neuen Hobbykeller locken und ihn dort Töpfe und Messer, Weine und Gewürze sammeln lassen wie früher Pfeilspitzen und Säbelzahntigersäbelzähne. Oder mit Internetseiten, die den Mann am Lagerfeuer des Induktionsherdes von der Leistungsfähigkeit der

Mulitfunktionsküchenmaschine schwärmen lassen, wie den Neandertaler am Höhlenfeuer vom besten Jagdgrund auf Auerochse und Mammut.

Und da kommt die Kochshow ins Spiel und bündelt das alles, denn es gibt ein eigenes Format für jede Variante der Zielgruppe. Männer, Frauen, sogar Kinder. Mit Messer und Gabel oder direkt aus der Faust. Vegetarisch oder lecker. Edel oder einfach. Vom Koch präsentiert oder vom Sportreporter. Als Wettkampf oder per Frontaluntericht. Für die Haute Volée oder dich und mich. Für den Gourmet oder den Gourmand, also für dich oder mich. Für den Rüdiger Nehberg unter uns, der seine Nahrung von der A7 kratzt oder für Prinz Hansi von Thurn und Zollern, der sein jamaikanisches Meerhühncheneigelb aus der Karibik einfliegen lässt. Mit Plauderei oder ohne. Garniert mit feinsinnigem Humor oder anzüglichen Alliterationen voller Zoten: Lafer!Lichter! Lecker!

Mit anderen Worten: Zu viele Köche verderben den Brei. Gefühlte 100 unterschiedliche Sendungen buhlen laut Köchelverzeichnis um Zuschauer und bieten dabei mehr Show als Koch und immer weniger Variation als Innovation: Die Küchenschlacht, Die Kocharena, Hell's Kitchen, Poletto, Born to Cook, The Taste, Topfgeldjäger, Topfrocker, Ganz und Gar, Schmeckt nicht gibt es nicht, Kerners Köche, Die Kochprofis, alfredissimo, Kochen mit Tim auf ARD, NDR und KiKa. Inzwischen drängen die Shows ja sogar schon auf die Bühne und _ver_drängen im Congress Centrum Hamburg Hans Klok, Truck Stop, Diavorträge in Überblendtechnik oder Mireille Matthieu, den Spatz von Avignon. Ich warte nur darauf, dass im Ohnsorg-Theater niederdeutsch „Spatz nach Art der Schweizer

Armee" gekocht wird oder sich im Schauspielhaus die Darsteller, nackt bis auf einen Tschador aus Esspapier, mit Bic Macs bewerfen und dazu die Zutatenliste auf Arabisch deklamieren.

Doch am schlimmsten ist das Fernsehen: Jeder Sportreporter oder Talkmaster, der sein Gesicht in die Kamera und einen Löffel in den Topf halten kann, steigt mit einem eigenen Format in die Kocharena und steigert mit Hochzeitssuppe in Kresseschwamm, Cordon Bleu vom Ameisenigel oder in Nelkenfett frittierter Panna Cotta seinen Marktwert. Das völlig unabhängig davon, ob er Khedira für eine Kochbananenspezialität aus Burkina Faso hält oder einen Gourmet von Rainer Calmund, der ja bekanntlich in keiner Kochshow fehlen darf, unterscheiden kann.

Früher, in der guten alten Zeit mit 3 Programmen und Sendeschluss gegen Mitternacht, gab es Ulrich Klever und Paul Inzinger. Dazu ein Hauch Bocuse. Das war es. Von den Frauen, die sich auf Tele 5 oder irgendeinem anderen frühen Privatsender parallel zur lustlosen Deklamierung eines Rezeptes im lustvollen Entkleiden versuchten, will ich nicht sprechen. Die habe ich auch nie gesehen, sondern nur von ihnen gehört. Nein, früher gab es niemanden, die um die Wette brutzelte oder im heimischen Wohnzimmer das perfekte Dinner zu inszenieren versuchte. Als ich einmal auf einer Lifestyle-Messe war (natürlich mit Kochshow und dem omnipräsenten Tim Mälzer, von dem es wahrscheinlich ein paar gebacken Klone gibt), wurde ich angesprochen, um als Kandidat im „Perfekten Dinner" aufzutreten. Was für eine Vorstellung: Kandidaten (oder Opfer, wie meine Kinder sagen würden), die wie

Möchtegern-Promis wirken und zur Freude des Senders kein gutes Haar in der Suppe der anderen finden, während die Kamera wie ein Mikroskop auf der Suche nach Unzulänglichkeiten des Kochs, der Wohnungseinrichtung oder des Dinners selbst ist. Es ist angerichtet: Als Vorspeise eine gebratene Spottdrossel, zum Hauptgang Schadenfreude an pochierter Schonungslosigkeit, zum Nachtisch flambierte Häme im Schlafrock. Na denn, Mahlzeit.

Man merkt: Mir geht der Hype um das Kochen zu weit. Ich bin satt.

Nun können sie sagen: Aber warum schaltet der Herr Brood dann nicht einfach um, wenn ihn die Kochshows nerven?

Ja wohin denn, bitte?

Sie brutzeln doch überall, wenn nicht gerade Auswanderer durch den Zoo stolpern oder Richter Holt einen arbeitslosen Arbeitslosen über die Pflicht zur Wahrheit vor Gericht belehrt.

Dann schalte doch ganz ab?

Hmmh, das geht leider auch nicht: Woher bekommen ich denn dann die spannendsten Rezepte für Huhn indisch und russisch Ei oder was auch immer zuerst da war? Im Congress Centrum kann ich mir die Parkgebühren nicht leisten und mein Handy ist halt nur ein Telefon. Außerdem hat die Kochshow einen großen Vorteil dem echten Leben gegenüber: Man(n) muss hinterher nicht abwaschen und ist doch irgendwie satt.

Spieglein Spieglein

an der Wand, welches Ziel verfolgen die meisten Modegeschäfte mit der Ausstattung ihrer Ankleidekabinen in unserem Land?

Ich dachte immer, es gehe um Gewinnmaximierung für Herrn C & Herrn A oder darum, kleinen indischen Kinderarbeitern eine textile Ausrede für den Verzicht auf den täglichen Gang zur Schule oder der China-Freundin Angela Merkel einen neue Gelegenheit für einen unterwürfigen Staatsbesuch in Kotau zu bieten. Doch um das zu erreichen, müsste ich kaufen. Anzüge, Hosen, Hemden. Aber ich tue mich damit schwer. Je mehr sich die Differenz aus Alter und Konfektions-größe verringert, desto häufiger suche ich meine Kleidung lieber über das Internet. Weil die Ankleidekabine dann meine eigene Wohnung ist. Privat. Intim. Wie ich es mag. Von der Länge der Vorhänge im Geschäft spreche ich da noch gar nicht. Über-Knie-lang kann eben bei Rock, Capri-Hose oder Vorhang gern mal zu dicken Stampfern führen, egal, wie schlank die Person oberhalb des Unterschenkels ist. Aber immerhin sieht man an den Beinen, dass die Kabine besetzt ist und ob die Person darin dasselbe Problem wie Graf Bobby und ich hat: Paargleiche Socken ohne Löcher zu finden. Zu ertragen ist sogar noch das unsägliche Gedudel aus den versteckten Deckenlautsprechern, auch wenn der Versuch, mich mental auf Sommer zu polen, wenn draußen der Regen peitscht, ins Leere geht.

Das wirkliche Problem sind die Spiegel. Sehe ich mich im Spiegel in der Kabine an, kommt mir das kalte

Grausen und ich ergreife die Flucht, ohne über Kasse zu gehen. Nur weg aus den gleißend hellen Strahlern. Diese eierlegenden Wollmilchsäue der Beleuchtungsinnung, Typ Flutlicht im Fußballstadion und Stolz des „Fachbands Elektroleuchten und Elektrische Lampen" in Frankfurt, schaffen es gleichzeitig, mich weißlich und platt wie die Unterseite einer Maischolle aussehen zu lassen und doch jede unerwünschte Körperausbuchtung nach oben zu pressen, wie den Himalaya aus der Bruchkante zwischen eurasischer und indischer Erdplatte. Unterstützend wirkt die Enge der Räumlichkeit, die einen so dicht vor den kulinarischen Sünden der Nach- und Vorweihnachtszeit stehen lässt, als würde man sich vor einer Ganzkörperversion dieser schrecklichen Pickellinsen aus gehobenen Hotelbadezimmern befinden.

Es ist furchtbar.

Wenn ich einen Albino-Elefanten sehen will, besuche ich den König von Thailand (der angebliche eine Herde hat) und nicht die Umkleidekabinen von Ansons oder New Yorker. Erbarmungslos wird mir der altersbedingte Verfall vorgeführt. Und die mangelnde Laufbereitschaft. In der Ankleidekabine bin ich der HSV! Haben die Modehaus-Innenarchitekten schon mal was von freundlich gebogenen Spiegeln gehört, die mich schlank und rank erscheinen lassen, weil sie im oberen Bereich leicht nach vorne und im unteren Bereich leicht nach hinten gekippt sind. Das streckt optisch! Aber nein, von wegen: Spieglein Spieglein an der Wand, wer ist der attraktivste Kunde im Land. Die Betonung liegt auf Kunde, nicht Ladenflüchtling. Oder sind die Inneneinrichter vom „Bundesverband der

Diätpillenhersteller" unterwandert, zu denen man nach dem Blick in den Spiegel sofort greifen möchte?

Wer will denn schon die Wahrheit sehen? Die sagt mit auch das Größenschild, wenn ich meinen Kopf aus dem Vorhang stecke und meine Frau verlegen lächelnd bitte, mir die Hose doch bitte eine Nummer größer zu holen.

Ein bisschen weniger Wahrheit, ein wenig mehr Spiegelkabinett. Man will ja betrogen sein. In der Fleisch- oder Gemüseabteilung des Supermarktes geht es doch, Herr Lidl und Herr Aldi machen es vor. Dort wird doch auch alles durch Geruchs- und Lichtinstallationen alles besonders vorteilhaft dargestellt. Ich will auch im Modeeinzelhandel hinter das Licht geführt werden und schön aussehen: Bin ich denn weniger wert als eine Gurke?

Also, Licht an, Spot aus. Aber bitte nicht in Gelb: Soweit geht meine Solidarität mit China dann doch nicht.

Tipp 6: Schluckauf

Eine wunderbare Methode gegen einen lästigen Schluckauf und viel wirkungsvoller als dreimal trocken Schlucken oder krampfhaft zu überlegen, was man am Donnerstag letzte Woche zum Mittag gegessen hat, ist das Trinken von einem Glas Essig. Der Schluckauf verschwindet sofort. Übergeben und Schlucken ist übrigens so ähnlich wie Niesen bei geöffneten Augen. Beides zusammen geht nicht.

Knut

Bis vor ein paar Jahren verband ich mit dem Namen Knut nur Musik: Der gewalttätige Knut Wuchtig wurde von Ingo Insterburg und Co. besungen und Knut Kiesewetter sang selbst.

Doch dann, bevor der Eisbär Knut das Licht der Welt erblickte, kommerzialisierte Ikea den skandinavischen St. Knut-Tag, dem 13. Januar, an dem die Weihnachtszeit damit beendet wird, dass der Baum geplündert und aus dem Haus verbannt wird. Nun wirft also auch das unmögliche Möbelhaus Tannenbäume aus dem Fenster auf ahnungslose Passanten und gab damit dem Virus, der mich kurz nach Weihnachten überkommt, einen Namen. Wenn ich den Knut habe, muss das ganze Weihnachtszeug raus aus der Wohnung.

Sofort. Radikal. Erbarmungslos.

Ich kann nichts dagegen tun. Anders als bei einer gewöhnlichen Wintergrippe gibt es leider keinen Impfstoff gegen den tückischen kleinen Virus. Weihnachten ist ein christliches Fest, deshalb hilft eigentlich nur ein guter alter Exorzismus. Und er muss schnell gehen. Mein Knut wartet nicht bis Mitte Januar.

In der Nähe der bunt geschmückten Nordmanntanne aus dänischem Plantagenanbau fängt es an. Obwohl der Baum meistens erst kurz vor Heiligabend aufgestellt wird, fährt der Knut schon am 27. Dezember mit einem Jucken in den Händen in mich ein. Der Baum muss weg. Er nadelt, versperrt den Blick auf das Fenster oder den Zugang zur Musikanlage, Kugeln fallen herab, Kerzen werden nicht ersetzt. Ich fühle mich unwohl in seiner Gegenwart, gebe erschreckende Töne von mir, blicke wirr. Das einzige, was mich hält, ist die nüchterne Kosten-Nutzen-Berechnung. Und wie so oft ist Brüssel schuld! Weil die EU die dänischen Bauern angeblich mit Raps-Subventionen ködert, pflanzen Morten Smørrebrød & Co nun Benzin auf die ehemaligen Tannenbaumfelder und treiben damit die Weihnachtsbaumpreise in die Höhe. Früher war der Baumschmuck, zumeist die Tannenbaumspitze, das Wertvollste; heute ist es die Tanne selbst! 15 Euro für jeden Tag, sagt mir mein innerer Kaufmann, mein persönliches Virostatikum und hemmt die Austreibung der Knut-Viren ein paar Tage. Doch wie es juckt!

Dabei sehe ich es jedes Jahr kommen. Und das immer früher. Bald kurz nach Ostern, wenn die Hasen den Nikoläusen in den Zugreifkörben vor dem Kassenbereich des Supermarktes weichen müssen. Schon dann kribbelt es und zwickt.

Doch irgendwann ist es um meine Selbstbeherrschung geschehen. Der Virus schlägt voll durch. Jetzt muss alles raus, was nur im Entferntesten mit Weihnachten zu tun hat. Der Exorzismus beginnt. Aus dem Keller schleppe ich einen Umzugskarton hoch, in dem wie in einer russischen Matrjoschka, kleine und noch kleinere Kartons zwischen defekten Lichterketten, Kugeln ohne Henkel oder Engel ohne Flügel, geschützt von rasiermesserscharfen Glaskugelscherben, darauf warten, den Weihnachtsschmuck bis zur nächsten Adventszeit aufzunehmen. Doch bald stößt die Kiste an ihre Grenzen, denn leider kann ich mich von nichts trennen. Völlig egal, ob der Engel aus biologisch-dynamischen Bienenwachs, von der Ältesten im Kindergarten mit kleinen Patschehändchen geknetet, mittlerweile wie ein Nasenbär mit Kutte aussieht oder die Christbaumkugeln mangels Befestigungsmöglichkeit nie wieder in der warmen Aufluft der selbstverlöschenden Sicherheitskerzen pendeln werden. Das Problem sind die Neuzugänge: Wie in der Fußball-Bundesliga die Stars, wechseln in der Winterpause Kugeln, Engeln und Figuren aller Art ihren Besitzer. Kleine Filzelche hängen ebenso an Paketen, wie Baststerne oder Holzengel. Alle haben eine Bedeutung. Manche waren schöner als das Geschenk selbst, andere waren das Geschenk; ganz andere hat man vergessen zu verschenken oder der Schenkende vergisst nicht und erwartet sie nächstes Jahr zu sehen.

Auch wenn es nicht genau den klassischen Exorzismus-Regeln folgt, beginnt dann schon die Austreibung des Weihnachtsbaumes aus dem Wohnzimmer unter Beschwörung eines Rückkehrverbotes. Anschließend werden die leer geräuberten Adventskalender entfernt, Faltpapiersterne vorsichtig von den Fenstern gelöst, Holzfiguren von Dachbalken oder Schrankkanten genommen und die Fensterbänke von weihnachtlichen Kerzenleuchtern oder Engeln mit Weihnachtsspeck befreit.

Ist nun alles weg? Der Dämon vertrieben? Die Nase tief über den Boden wie ein Bluthund schnuppere ich durch das Haus auf der Suche nach Weihnachtsrelikten.

Rieche ich da noch einen Rauschgoldengel im Flurfenster? Ab in die Kiste. Haha, mir entgeht nichts.

Der Tannenkranz an der Tür – Futter für das Osterfeuer. Nur noch schnell die kleinen bunten Kugeln und die roten Schleifenimitate in den Karton, die gehen auch noch rein. Die Pappe sperrt sich bereits. Das muss

125

doch noch passen. Die Kartonkante sieht es anders und reißt. Egal.

Ich pirsche weiter. Es darf nicht übrig bleiben. Entdecke Weihnachtswichtel aus Holz, goldene Sterne auf dem Klo, Kerzen unter der Spüle. Keine Gnade. Die Familie klammert sich ängstlich an alles, was von mir als im Entferntesten weihnachtlich betrachtet werden könnte:

„Nein, dieser selbst gefilzte Wichtel hat nichts mit Weihnachten zu tun."

„Nein, der „Stern" ist und bleibt eine Zeitschrift und die nackte Frau auf dem Titelbild hat nur zufällig außer einer roten Mütze nichts an."

„Nein, das Lebkuchenshampoo darf auch bis Ostern aufgebraucht werden."

Obwohl ich mit dem Garten nicht viel am Hut habe, mache ich auch vor Pflanzen nicht halt: Auf den Kompost, ihr Weihnachtsstern, sei gegrüßt, du Hyazinthe.

Die Pflanze als Symbol für den kommenden Frühling beendet den Exorzismus und ich lehne mich erschöpft zurück.

„Wie sieht es denn bei euch aus. So leer", ist das größte Kompliment, das mir Besucher machen können.

Dann lade ich sie an den kahlen Tisch und biete ihnen von Weihnachten übrig gebliebene Süßigkeiten an. Irgendwo muss jeder Exorzismus ein Ende haben. Gartmannringe, Melba-Weihnachtsmänner und Knickebeinglocken schmecken auch nach Knut. Außerdem muss man sich ja auch so langsam auf Ostern einstimmen.

Voll peinlich

„Papa, Du bist so peinlich", erklang meine Brut im Chor.

Ausnahmsweise war sich mein Nachwuchs einmal einig, als sie hörten, was ich vorhatte.

Wer ein echter Method-Actor a la Robert de Niro sein möchte, der muss auch als Amateurschauspieler an seine Grenzen gehen. Und wenn es etwas völlig Widernatürliches ist, für das es keine logische Erklärung außer dem Applaus des Publikums gibt. Also kam der Tag, an dem ich für eine Rolle den Respekt meiner Kinder und die Anziehungskraft auf meine Frau riskierte.

Ich legte mir einen Schnurrbart zu.

Doch da man zwar, insbesondere als glücklicher Vater von 5 lebhaften Kindern, in einer Nacht ergrauen kann, ein Bart aber nicht in einer Nacht wächst, sollte es ein langwieriger Prozess werden.

Tag 1: Der morgendliche Aufenthalt im Bad wird verkürzt. Die eindeutig schönste Begleiterscheinung eines Bartes. Meine Frau begrüßt mich mit einem „ach, geht es los?" voller resignativer Akzeptanz.

Tag 2: Meine Gattin stellt fest, dass ich kratze. In der Firma wird zum ersten Mal gefragt, ob mein Rasierer defekt sei. Je nach Gegenüber erkläre ich die Situation wahrheitsgemäß oder kontere mit irgendwelchen halbgaren Zoten, die etwas mit der Wechselwirkung zwischen der Häufigkeit von Sexualität, einem trockenen Brötchen und dem Bartwuchs zu tun haben.

Tag 3: Der 3 Tage-Bart ist bei mir nicht cool, sondern ungepflegt. Und lückenhaft wie der Rasen im

Volksparkstadion nach Regen und einem Konzert von Robbie Williams oder dem Gastspiel eines Teams der American Football-League. Da ich kein Oscar-Preisträger, sondern nur ambitionierter Amateur bin, wage ich nicht sofort den Magnum-Schnurrbart eines Tom Selleck, sondern gehe den Umweg über einen Vollbart, der zur Premiere auf Schnurrbart zurückgestutzt werden wird.

Tag 6: Endlich habe ich den 3-Tage-Bart. Mir gefällt es. Meine Frau stellt fest, er würde nicht lässig wirken, sondern das Gesicht abrunden, was im Gegensatz zu einem Kaufpreis eines Autos oder holländischen Mittelfeldspielers nicht sexy wäre. Mein Sohn stellt neidisch fest, dass mein Bart weniger Lücken aufweisen würde als seiner, doch ich blicke immer noch eifersüchtig auf das Foto von Chuck Norris, der nicht nur schon zweimal bis unendlich gezählt hat, sondern so dicht beharrt ist, dass es wie das Fell von Bigfoot aussieht: Das ist ein Bart.

Tag 7: Es kratzt nicht nur meine Frau, sondern juckt nun auch mich selbst.

Tag 9: Der Bart wird deutlich grauer als noch vor ein paar Jahren. Zum ersten Mal ist für mich jemand in der Bahn aufgestanden und hat mir seinen Platz angeboten.

Tag 10: Langsam kann ich schon mal über den Bart streichen. Mit der Handfläche vom Kehlkopf über die Wangen. Es wird – pelzig. Eine meiner Töchter bemerkt unnötig laut, dass ich mir ja tatsächlich einen Schnauzer stehen lassen würde und sieht mich dabei an, als würde sich mich fortan ihren Freunden nicht mehr vorstellen. Ich bemerke, dass es ja noch ein Vollbart sei, doch sie stellt nicht ganz unrichtig fest, dass es wie ein Schnurbart aussieht, da alles unter der Oberlippe grau ist und darüber schwarz. Ich bin scheckig. Meine Frau sagt, der dunkle Teil hänge zeitlich herab und ließe mich fies erscheinen. Wie ein polnischen Autoschieber. Eine von den beiden Bemerkungen finde ich politisch nicht korrekt.

Tag 11: Ich habe das erste Mal die Ränder gestutzt und kann das Wesen des Schrebergärtners nachfühlen. Die akkurate Schnittkante im Wangenbereich und um das Mundbeet herum, entspricht meinem Sinn für Ordnung und meine Frau kommentiert die Veränderung lobend. Sie ist als gelernte Gärtnerin vom Fach. Auch bemerkt sie, dass das Kratzige langsam nachlässt, was meine Frau als persönlich angenehm empfindet. Wann verschweige ich, damit meine Kinder nicht wieder entsetzt aufschreien müssen. Manches wollen sie nicht wissen.

Tag 12: Die Freundin meines Sohnes stellt fest, dass ich sie an George Clooney erinnern würde. Ein ausgesprochen nettes Mädchen.

Tag 14: Ich fange an, mit der Zunge im Schnauzer zu wühlen. Dadurch wird die Oberlippe wund. Außerdem kratzte ich mit den Zähnen im Bereich unter der Unterlippe. Wie harken auf Kies. Kontemplativ. Es knirscht so schön. Ein Zen-Bart!

Tag 15: Auf einer Geburtstagsfeier fragt mich ein altersarmer Pensionär in fester Anstellung, ob ich, wie er, auch noch arbeiten würde. Jemand anderes erzählt mir von Bartfärbemitteln. Ich kleide mich fortan jugendlicher. Die Freundin meines Sohnes nennt mich aus Versehen Opa. Wird Zeit, dass er sich mal eine andere sucht.

Tag 16: Da ich in Reichweite von Kühlschrank und Supermarkt lebe, sind Speisereste im Bart einfach nur nervig und helfen nicht als Vorrat über schlechte Zeiten und Hungersnöte. Außerdem überlege ich, mir einen Jeansanzug zu kaufen, weil ich erkältet bin. Nicht, weil er irgendwelche medikamentösen Wirkungen besitzt und er in einem homöopathischen Sud aus Aconitum napellus D12 gewaschen wurde oder optisch der letzte Schrei ist, sondern weil man nur in ihm stilecht einen Taschenspiegel mit Griff am Mann führen kann, denn nach dem Niesen und Ausschnupfen empfiehlt sich eine genaue Nachkontrolle, damit der Bart oberhalb der Lippe nicht seinem Namen „Popelsieb" alle Ehre macht..

Tag 19: Es wird ruhiger. Nur gelegentlich werde ich als Taliban beschimpft. Es sind schwere Zeiten für Moslems, da braucht es gar keine Terroristen.

Tag 21: Der Winter kündigt sich mit einer ersten kalten Nacht im Spätsommer an. Am nächsten Tag trägt jeder Schal und lamentiert über den Klimawechsel. Man beneidet mich um meinen Bart, der angeblich warm halten würde.

Tag 22: Es ergeben sich neue Möglichkeiten. Eine Kollegin bestätigt mir in einem Atemzug, dass sie ersten sich gut vorstellen könnte, wie ich mit herabhängendem Schnurbart aussehen würde und sie zweitens auf brutal aussehende Kreditkartenbetrüger stehen würde. Da kann sich meine Frau mal eine Scheibe von abschneiden.

Tag 35: Wochenlang ist Ruhe. Man arrangiert sich mit mir. Ich bin ein Bartträger wie viele. Dann treffe ich eine Freundin. Wir haben uns längere Zeit nicht gesehen. „Man, oh je, siehst du alt aus", stellt meine zukünftige Ex-Bekannte fest. Am selben Tag haben wir in der Firma eine Feuerschutzübung. Aus allen

Löchern der Firma kriechen Kollegen, die ich ebenfalls ewig nicht gesehen habe und die ich längst im Ruhestand vermutete. Bei manchen fällt mir nicht einmal mehr der Name ein. „Mensch", sagt einer von Ihnen, ich würde ihn fortan als Freund bezeichnen, „cool, du wirkst so männlich."

Tag 38: Schön ist, wenn die Erwartungen übererfüllt werden. Zum Beispiel am Geburtstag, an dem mehr als jeder zweite Gratulant den Spruch bringt, dass ich nun endlich so alt wäre, wie ich aussehe. Oh Mensch: Manchmal fühle ich mich so alt, wie ich aussehe....

Tag 39: Ich wirke sowieso, warum auch immer, auf Homosexuelle. Der Bart scheint dies aber noch zu fördern. Beim Besuch in einem sehr schönen Café ist der erste eindeutig schwule Kellner zu mir äußerst aufmerksam und zu meiner Frau so – lala. Richtig enttäuscht wirkt sein ebenfalls homosexueller Kollege, dass seine Frage nach getrennter Rechnung von meiner Frau abschlägig beschieden wird. Am Abend ziehen mich zwei an einer Wand lehnenden Lederkerle mit den Augen förmlich aus, so dass ich quasi nackt an ihnen vorbei in einen Coffeeshop gehen muss. Ich fühle mich als Objekt, gönne ihnen auf dem Rückweg aber ein paar nette Arschwackler aus dem anstehenden Bühnenstück. Method Acting.

Tag 42: Es ist passiert. Meine Kinder wenden sich entsetzt von mir ab, aber immerhin ist mein Aussehen nun peinlicher als die Vorstellung, dass ich in meiner Rolle strippen muss: Es steht nur noch der Schnurrbart. Mein Regisseur bestätigt: „Du siehst scheiße aus! Gut."

Tag 43: Meine Kollegen reagieren ähnlich. Gejohle im Großraumbüro. Bis auf eine rumänische Kollegin, schließen sich alle dem Urteil meines Regisseurs an. Es *spricht sich rum: Abteilungsfremde schauen vorbei, demnächst folgen wahrscheinlich Videokonferenzen oder der Werksrundgang mit Besuchern wird umgeleitet. Erstaunlich, wie interessant man sein kann. Da leistet man zwei Jahrzehnte gute Arbeit, aber wirklich Eindruck erreicht man mit ganz anderen Dingen. Dazu erfahre ich allerlei kreative Bezeichnungen für ein paar Haare über der Oberlippe: Oliba, Schnubbi, Magnum-Leiste, Popelsieb, Schenkelbürste, Fotzenfeger. Es steigert sich. In einer medial absurden Zeit, in der man nicht nur die Geschehnisse in Fußballbundesligastadien live am PC, sondern auch Fallschirmsprünge aus der Stratosphäre und Wirbelstürme in New York am Liveticker verfolgt, darf ich mich nicht wundern, wenn im Intranet über meinen Schnurbart getwittert und den Stand der Reaktionen live berichtet wird.*

Tag 44: Es hat ja was, immer mit einem fröhlichen Lachen begrüßt zu werden. Leider ist mein Selbstbewusstsein noch nicht so groß, als dass ich nicht doch mehr ein aus- als ein anlachen vermute und daher in der Öffentlichkeit mit Schal auftrete. Gut, dass der dunkle Herbst kommt! An sonnigen Tagen behelfe ich mir mit der Denkerhand vor dem Kinn. Die meisten gehen offensiv mit der Situation um, doch viele gucken verschämt zu Boden, als ob man eine Warze auf der Nase hätte oder der Hosenstall einladend aufsteht. Ich glaube neulich im Supermarkt eine Mutter zu einem Kind habe sagen hören: „Schau da nicht so hin, der arme Mann kann ja nichts dafür." Manchmal vergesse ich den Bart, spüre nur einen kleinen ungewohnten Luftzug unter der Nase, weil der Wind durch die Härchen streicht wie die Kälte in Eiswintern durch die

Nasenhaare. Ich sehe mich Gott sei Dank nicht selbst und vermeide Fensterfronten oder in Einrichtungshäusern die Schlafzimmer- und Spiegelabteilungen.

Tag 48: Um die Wirkung des Schnauzers zu minimieren, versuche ich bis zum nächsten Auftritt einen 3 Tage Bart. Leider beschreibt meine Frau die Stoppeln wieder weniger als cool und hilfreich, sondern lediglich als ungepflegt. Ich finde, dass ich wie der Polizist der Village People aussehe. Ist ihre Kritik ein erster Hinweis zur Akzeptanz meines Schnubbis? Muss man den Leidensdruck nur vergrößern getreu dem Motto, es geht immer noch schlimmer? Ich muss ihr allerdings Recht geben, dass mein 3 Tage-Bart immer länger braucht, obwohl es jetzt nur noch 4-5 Tage sind. In der Kantine fixiert mich eine Kollegin, die länger nicht im Werk war, lange, ehe sie den Mut fasst und fragt: Wette verloren oder Theaterstück. Dass ich mich mit dem Bart schön finden könnte und ihn absichtlich trage, hat in ihrem Weltbild keinen Platz.

Tag 49: Ich ertappe mich beim Blick in den Spiegel dabei, dass ich mich schon fast an ihn gewöhnt habe. Mein Schnubbidu. Schlimm. Morgen ist die letzte Vorstellung. Dann geht er ab.

Tag 51: Es ist passiert. Meine Kinder lieben mich wieder und stellen mich nicht als ihren Opa vor. Noch während der Schlussapplaus langsam verebbte, griff ich zum Elektrorasierer und entsorgte das Gewächs unter meiner Nase. Ein erhebendes Gefühl. Das fast einhellige Echo: Gott sei Dank!

Tag 53: Auch in der Firma wird die Glattrasur allgemein positiv bewertet. Nur vereinzelte rumänische Stimmen hätten sich weiterhin den Schnäuzer nach

Bukarester Vorbild gewünscht. Dort heißt der Bart mustaṭa. Das hört sich elegant an.

Tag 54: Ich ertappe mich immer wieder dabei, in den Gesichtern der Passanten einen dieser erstaunten, ungläubigen oder sonst wie emotional verstörten Blick zu finden. Fehlt mir das etwa? Fehlt mir, im Fokus der Öffentlichkeit zu stehen, und sei es durch eine Geschmacksentgleisung über der Lippe? Ich blicke in die nächstbeste Schaufensterscheibe. Vielleicht sollte ich mir wieder eine Schenkelbürste zulegen.

Es gibt Momente, das hat meine Frau bestätigt, das wäre er gar nicht so unangenehm. Im Gegenteil. Aber das führe ich hier nicht weiter aus. Ich höre schon meine Kinder voller Entsetzen schreien: „Du bist voll peinlich, echt."

Tipp 7: Cola

Wenn sie am Abend eine Flasche Cola in ihrem WC ausschütten und über Nacht über Nacht einwirken lassen, sieht ihre Toilette wie geleckt aus. Und wer weiß, vielleicht will ihre Familie zukünftig fröhlich assoziierend viel weniger dieser ungesunden Zuckersoße trinken.

Sanifair

Hat mein Vater Mitte der sechziger Jahre des vorherigen Jahrhunderts geahnt hat, dass es eines Tages nützlich für mich und mein Portemonnaie sein würde, wenn ich drängende Wünsche zu unterdrücken lerne? Anders ausgedrückt: Ob es tatsächlich einen tieferen Sinn dafür gab, bis in die Rhön zu warten, um eine erste Pinkelpause einzulegen. Wenn man aus Fulda kommt, ist das kein Problem. Hat die Fahrt in Hamburg begonnen, schon.

Wie sich das überhaupt anhört: Das vorherige Jahrhundert! Das war bisher gefühlt die Ära von Bismarck (nein Kinder, der hat nicht das Wasser erfunden!), das war die Blütezeit der Eisenbahn oder die, in der das erste Telefongespräch stattfand. Bismarck taugt nur noch als Denkmal, Eisenbahnlinien werden zu Radwegen und mit Telefonen hört man Musik, macht Fotos oder geht in das Internet um zu googeln, wer Bismarck war. Aber war das letzte Jahrhundert wirklich die Zeit, in der ich ab Hannover auf der Rückbank unangeschnallt unruhig wurde und hinter Kassel mit zusammengepressten Beinen in einer dunkelgrünen Kniebundlederhose sehnsüchtig aus dem Fenster eines spärlich motorisierten Renault 10 auf die vorbeihuschenden Bäume starrte und jede Nebenstraße als Ort der Erlösung betrachtete? Sie huschten langsam, die Tannen und Birken und Buchen, denn die ganzen Autobahnen, die wir angeblich Adolf Hitler verdanken, hatte er woanders bauen lassen. Hamburg – Regensburg schien nicht als wichtiger Nachschubweg gegolten zu haben und war nur teilweise ausgebaut. Oft ging es kreuz und quer, durch pittoreske Fachwerkstädtchen mit mir unerreichbaren öffentlichen Bedürfnisanstalten oder durch tiefe Wälder mit verlassenen Waldwegen. Vielleicht verfolgt mein Vater einen Plan, in dem er mir die Pinkelpause verwehrte. Womöglich wollte er aber einfach nur nicht zu spät für die leckeren Kartoffelklöße der Tante in Regensburg kommen. Oder es war eine Art Mannbarkeitsritual. Männer halten durch.

Wenn ich heute mit meiner Frau und meinen Töchtern auf längere Fahrten gehe, z.B. zu einem der wenigen Briefkästen, die uns die Post noch gelassen hat oder nach Italien, beginnt die Reise mit einem Toilettenbesuch, je nach Alter freiwillig oder nach Ermahnung. Wälder sind selten geworden und innerstädtische Bedürfnisanstalten eher Treffpunkt für Drogensüchtige als ein Erlebnisraum für die Familie. Die Probleme auf der Fahrt zum Briefkasten habe ich mir selbst zuzuschreiben: Was verschicke ich auch Briefe; wozu gibt es Emails. Für den Ausflug nach Italien aber es gibt ja die Autobahnen mit ihren ADAC-geprüften Toiletten, wahren Tempeln der Bedürfnisbefriedigung mit ISO-zertifiziertem Klo bis zum TÜV-abgenommenen Kondomautomaten. Hell (meistens), sauber (oft), unpersönlich (immer). Mit dem Groschen zugunsten des popeligen 5 Cent-Stücks fiel auch die Daseinsberechtigung einer Toilettenfrau mit ihrer Untertasse aus Porzellan voller klirrender Münzen. Warum auch sollte es ihr besser gehen als dem einarmigen Kaufhausfahrstuhlführer meiner Jugend, aber das ist eine andere Geschichte voller Kriegserlebnisse und Kurz- und Miederwaren.

Zurück zum Klo an der Autobahn. Wo früher eine alte Dame in mehr oder weniger weißem Kittel den Abtritt kritisch beäugte, verwehrt einem heute ein Drehkreuz, ein erster sakraler Hinweis auf die zu erwartende Stille und Erhabenheit einer nach Reinigungsmittel und Erlösung duftenden Räumlichkeit, den Zugang. Natürlich ist der Eintritt nicht frei. Erlösung war nie umsonst zu haben. In unser Welt voller Misstrauen legt man seinen Obolus aber nicht hinterher in die Kollekte, das geht nur in der Kirche, dem Hort der Nächstenliebe und der Ehrlichkeit, sondern tritt in Vorkasse, indem man das Drehkreuz mit Geld füttert. Dafür erhält man ein kleines Papier, das Katholiken an den Beichtzettel erinnern mag, den man bekommt, wenn man sich von seinen, auf ihre Art ebenfalls drückenden, Lasten entledigt hat. Nur dass im Erlebnisraum Autobahntoilette nicht das Antlitz Jesu milde lächelt, sondern eine deutliche 0,50€ versucht, den Reisenden aufzuhalten und zum Weg in den Kassenraum der Tankstelle zu verführen. Es handelt sich um einen Wert-Bon, noch genauer, einen Voucher von Sanifair, fälschungssicherer als eine Banknote, mit schillerndem Glitzerrand wie die begehrten Nationalembleme der Endrundenteilnehmer des zweijährlichen Panini-Sammelbildwahns anlässlich der Welt- und Europameisterschaften im Fußball.

Außer bei ein paar bekannt geizigen schwäbischen Hausfrauen, ist das Gutscheinprinzip eine todsichere Methode, die moderne Schnäppchenjägerin in den Tankstellenshop, den Tempel der überteuerten Verführung, zu locken. Selbst wenn mit dem spritsaufenden SUV, weil das Benzin ein paar Cent teurer ist als abseits der Autobahn, ein weiter Bogen um die Zapfsäulen an der Autobahn gefahren wird. Eine Freundin erzählte mir neulich ganz stolz, dass sie sich eine ganze Zeitschrift erpinkelt hätte. Hut ab, aber was meinen sie, wie der Tankstellenpächter schwitzt, wenn mein Frau und meine 4 Töchter den Verkaufsraum betreten? Anders als mein Sohn und ich, müssen Frauen ja spätestens alle 2 Stunden zur Toilette. Und wenn sich dann ein paar Gutscheine angesammelt haben, wird zur feierlichen Einlösung geschritten. Bei einer langen Reise kommt da schon einiges zusammen. Man müsste mal ausrechnen, wie viel Benzin sich einsparen ließe, wenn Autopassagiere nur mit leerer Blase fahren dürften. Stichworte: Gewichtsersparnis, Brems- und Anfahrvorgänge. Aber da sein wie immer die Ölmultis vor. Da könnte man ja gleich sparsame Motoren bauen. Wahrscheinlich war mein Vater ein Ökopionier. Passt auch zu seiner Äußerung, er wäre ein Grüner, weil er schließlich seinen Rasen mähen würde.

Sind meine Frauen dann zur feierlichen Einlösung der Gutscheine geschritten, steht kurz darauf der Tankshopverkäufer – formerly known as Tankwart – in einem leeren Verkaufsraum und begrüßt kopfschüttelnd neue Kunden, die sich fragen, ob ein Schwarm Heuschrecken ins gelobte Land eingefallen ist. Heuschrecken, die sich mittlerweile in einem überladenen PKW auf dem Weg zur nächsten Toilette gemacht haben. Der nächste Shop wartet schon. Demnächst kommt wahrscheinlich die Information über den Verkehrsfunk, welche Tankstellen noch die Bravo, Petras oder überteuerte Schokoriegel und Getränkefläschchen zum Supermarktpreis ganzer Kisten feilbieten. Oder die Autobahnpolizei steht vor der leer geräumten Tanke und fordert die Autofahrer mit finsterem Blick und den ernsten Worten „hier gibt es nichts zu sehen" zum Weiterfahren auf (eine Formulierung, die sogar den am wenigsten neugierigen Menschen der Welt zum Nachschauen verleitet und in etwa so kontraproduktiv wie der Ausruf „keine Panik, bleiben sie ruhig, wir haben alles im Griff" ist).

Es kann aber auch alles ganz anders kommen.

Es geht schließlich um viel Geld. Kinder sind die Kunden von morgen, Pinkler die Kunden von gleich. Was sich als Gutschein geriert, ist ja kein Geschenk, sondern hat Geld gekostet und wird allzu oft durch Barschaft aus dem Portemonnaie, dem Drängen der Kinder nach Zerstreuung auf der Fahrt in den nächsten Stau nachgebend, aufgestockt. „Pecunia non olet" weiß jeder, der sich wie ich sein kleines Latinum noch mühsam im Angstschweiß des Ertapptwerdens erschummelt hat. Und Geld der Bundesautobahntankstellentoilettentempeln stinkt insbesondere nicht, sondern kurbelt die von Finanzkrisen gebeutelte Volkswirtschaft an. Pinkeln für Deutschland, könnte man sagen. Ein Konjunkturprogramm der besonderen Art. Kleinvieh macht auch Mist, auch an Schauinsland West, Schafstrift Nord oder Dammer Berge.

Das hat auch Ronald McDonald erkannt. Immer mehr Autohöfe und Rastplätze schwenken um vom Schnitzel oder dem Deutschen Hacksteak hin zu Hamburger und Pommes Frites. Von mundgebissener Eiche rustikal hin zur gestyltem Systemgastronomie. Und McDonalds hat eindeutig die Nase vorn, wie schon der Blick in unseren Küchenschrank beweist. Erst kürzlich hat unsere Drittgeborene festgestellt, ob es nicht mal genug sei. Meine Frau und ich sahen uns an und dachten schon, sie wolle aus dem Hotel Mama in eine eigene Wohnung ziehen. Nach einer Sekunde der Besinnung lachten wir alle drei herzlich. Nein, sie fand nur, dass wir langsam genug Gläser von McDonald hätten, die es zu der Zeit bei jedem Menü in diversen, teilweise künstlich verknappten, Farben dazugibt. Erst da fiel uns mit Schrecken auf, dass wir scheinbar viel zu häufig bei McDonald einkehrten, ein Effekt (also das mit dem Erschrecken!), den die Bulettenbraterkette sicher nicht erreichen wollte und der wahrscheinlich auch nicht repräsentativ ist. Es geht um Kundenbindung durch die Verlockung, etwas geschenkt zu bekommen. Manchmal sogar Sammlerstücke. So wie meine Bekannte sich eine Zeitschrift erpinkelt hat, eressen sich Manche eine ganze Gläserkollektion und ersparen sich so die Fahrt zu IKEA mit den günstigen Angeboten in der Markthalle, die einem genauso das Geld aus der Tasche ziehen, wie die Gutscheine von Sanifair, weil man auch bei IKEA immer mehr kauft, als man eigentlich vorhatte. Nur keine Möbel. Das ist ungefähr so wie mit Tchibo, wo kaum noch jemand Kaffee erwirbt, sondern ihn nur noch riecht, dabei in gute Stimmung gerät und deshalb Uhren, Decken, Fahrräder, Krawatten oder was auch immer, jedenfalls nichts, was man aufbrüht, kauft. Bestimmt wird IKEA demnächst mit einem Gegenschlag reagieren; in der Nähe der Autobahn sitzen sie ja schon. Die Toiletten sind sauber und viele fahren ja schon nur deshalb zum schwedischen Möbelgiganten, weil dort so günstig essen kann. Irgendwann kauft man in der Tankstelle seine Lebensmittel, im Schnellimbiss die Wohnungseinrichtung und isst im Möbelhaus. Aber wir haben früher, im letzten Jahrhundert, unsere Gläser ja auch schon nicht im Kaufhaus gekauft, sondern sehnsüchtig darauf gewartet, dass Senfgläser vom Kaufmann um die Ecke endlich alle wurden.

Mit derselben Sehnsucht übrigens, mit der ich im letzten Jahrhundert auf die Pause in Rhön gewartet habe. Obwohl die zu spät kam. So hatten damals mein Vater und ich etwas gelernt. Ich zum Beispiel, dass nicht jeder Wunsch im Leben erfüllt wird und welche Flüssigkeit Leder geschmeidig macht. Er, dass man beim Fußmattenkauf nicht nur auf die Optik, sondern auch auf die Saugfähigkeit achten sollte.

Vom Partnertausch und anderen Muschis

Nein, nicht was sie denken. Und es geht auch nicht wirklich um Katzen. Also zum Beispiel auch nicht um unsere dicke Mieze, die der lebende Beweis für den Jojo-Effekt auch bei Tieren ist. Je mehr wie sie auf Diät setzen, umso mehr ändert sich ihr Anschleichen in ein Anrollen. Man hört ja immer wieder von Großkatzen und Wölfen, die durch die Dämmerung des Sommerlochs schleichen und die Presse zu Spekulationen anregen. Der Panther im Hunsrück, Känguru boxt Wanderer oder Wolf schlägt Lämmer. Es kann nicht mehr lange dauern, bis ein zufälliger Spaziergänger mit seinem Handy von unserem Kater ein Foto gemacht haben wird. Natürlich unscharf. Da können die Kameras Fantastilliarden Pixel haben, diese Tierfotos sind, wie die von UFOs, immer verwackelt und neblig-grau.

Ich warte darauf, dass man auf YouTube schemenhaft sieht, wie unsere Katze mit dem verzärtelten Terrier der Nachbarin im blutigen Maul im Unterholz verschwindet. Mit anderen Worten: Das Tier ist riesig. Erst neulich hörte ich eine verschreckte Joggerin rufen: „Huch, ein Bär!", worauf ihr Freund die sehnigen Beine in die Hand nahm und erwiderte: „Quatsch, lauf, Bären werden nicht so groß!"

Doch wir können nichts dafür. Unsere Katze bekommt, anders als der gegen unseren Stubentiger fast schon zierlich wirkende TV-Kater Garfield, keine Lasagne, sondern meistens knapp bemessene Trockenfutter-Rationen einer Spezialmarke. Weight-Watchers für

Katzen! Warum auch nicht; mittlerweile gibt es ja auch Hundewindeln und wenn ich so auf den Gehweg vor unserem Haus blicke, gefällt mir diese Entwicklung sogar.

Doch zurück zu unserem vollschlanken Liebling. Offensichtlich isst er gern auswärts. Zu uns kommt der Kater am Morgen, wetzt die Krallen am Sofa oder dem Teppich, verlangt kläglich miauend nach einem Snack und legt sich dann zur Siesta, bis irgendeine Unruhe ihn befällt, er sich an die Tür stellt und uns vorwurfsvoll ansieht.

„Macht auf, ich will hier raus!"

Eine Katze weiß genau, was sie will.

Wenn unser Kater nicht tatsächlich den Haustierbestand der Nachbarschaft dezimiert (wo ist eigentlich das kleine niedliche weiße Kätzchen, das früher so gern kam?), gibt es wahrscheinlich irgendwo eine Familie, die denkt, eine dicke schwarze Katze zu haben, die gelegentlich woanders ist. Oder isst.

So eine Katze ist selbstständig, eine Charaktereigenschaft, mit der sich Katzenmammis gern von den Hundepapis abgrenzen. Wo die Muschi macht was sie will, holt der Wauwi Stöckchen oder macht Sitz. Das Haustier als Aussage: Seht her, ich bin frei und unangepasst wie mein Tier!

Folgerichtig sucht sich so eine Katze ihre Familie gern selbst.

Bekannt ist, dass Hundebesitzer nach einigen Jahren ihren kleinen Lieblingen immer ähnlicher werden und man auf der Hundewiese nur den Menschen angucken muss, um zu wissen, zu wem die Dogge, der Dackel oder der liebe kleine Rottweiler — ja der, der nur spielen will — gehören.

Dass aber auch Kinder sich mit zunehmendem Alter Katzen angleichen, haben meine Frau und ich erst kürzlich erfahren.

Je älter die lieben Kleinen werden, desto öfter kommen und gehen sie, wie sie wollen. Ein kurzer Anruf ist absolut nicht möglich; erstens ist das uncool und zweitens haben sie zwar ein ultramodernes Handy oder ein iPhone, doch leider kein Guthaben oder keine Lust, sich bei den Alten zu melden. Wie Katzen. Die haben auch kein Telefon. Oder wann hat sie das letzte Mal ihre Katze angerufen und gesagt, dass sie bei ihrem guten Freund Soundso (von dem sie noch nie etwas gehört haben) schläft und irgendwann (präziser als das Jahrhundert wird die Zeitangabe nicht) wieder kommt?

Eine weitere Parallele: Die Kinder achten ab einem gewissen Alter an sich selbst sehr auf Reinlichkeit. Wie oft suchen wir verzweifelt nach Deo, Bürsten oder Hautcremes, nur um die Sachen oder die Reste davon in den Kinderzimmern zu finden: Ausgedrückt, leer oder mit nur noch einer Borste! Für die pubertierende Katzenwäsche wird das Badezimmer stundenlang blockiert und wie ein Schlachtfeld hinterlassen. Dann schaukeln die leeren Shampoo- oder Duschmittelpackungen schon mal auf dem Ozean der durchnässten Vorleger wie die Rettungsboote der versenkten Armada nach der Seeschlacht vor Trafalgar. Oder wir finden den Boden voller Handtücher. Im Hotel Mama weiß das Personal, wann es der jugendlichen Herrschaft nach frischem Frottee dürstet. Nämlich immer dann, wenn es keine Lust hat, die Handtuchhalter zu benutzen.

Immerhin erinnern auch ihre eigenen Räumlichkeiten weniger an menschliche Behausungen, sondern an das Elefantenhaus bei Hagenbeck nach einem Streik der Zoowärter. Auch wenn es nicht die Notdurft ist, die die Kinder in ihren Zimmern hinterlassen, fragt man sich gelegentlich schon, was da eigentlich so auf dem Boden liegt, in was man da gerade hinein getreten ist und ob es noch lebt, gelebt hat oder gar bald wieder leben wird.

Wie bei unserer Katze, die das Wohnzimmer gern mal mit einer warmen und gemütlichen Katzentoilette verwechselt und beleidigt abhaut, wenn wir das nicht so toll finden.

Ein anderes Thema ist das Fressen. Wie oft stehen meine Frau und ich in der Küche, wirbeln wie Enrico Rastelli mit Töpfen, Messern und Geschirr, überlegen sich Rezepte, halten warm, wärmen auf, erfüllen jeden Wunsch, nur um dann von den Kindern ein „schmeckt mir nicht, warum gibt es nicht mal wieder Spaghetti oder Pfannkuchen?" zu hören. Wenn es hochkommt. Mit viel Glück ist es immerhin der Anruf: „Ich esse bei Soundso, da gibt es (schon mal ein Festnetztelefon, aha!) und nicht immer nur Pfannkuchen oder Spaghetti", was zumindest für mich gut ist, denn so bekomme ich nach der Arbeit ein schönes Essen. Außer, es gab Pfannkuchen. Die mag ich nicht. Falls die Kinder sich dann doch an den Tisch gequält haben, fehlt Salz, Zucker oder Maggi oder sie stochern aus anderen Gründen mit ihren Mundwinkeln im Essen herum.

Wie unsere vollschlanke Katze, die zwar fordernd nach ihrem Futter miaut, den Napf dann aber nur einmal schnuppernd beäugt, um beleidigt von dannen zu

146

ziehen. Sie mag wohl keine Brekkies mit der Geschmacksrichtung „Pfannkuchen" oder KitKat Bolognese.

Da aber nun fast alle Katzen so sind und fressen, wo sie Lust haben (gut, nicht alle, denn die von den konsequenten vorbildlichen Herrchen, bei denen auch die Kinder immer pünktlich sind, nur Einsen schreiben, die beim Skaten Ellenbogenschützer tragen oder nicht wissen, was eine Shisha ist), hat man eben irgendeine Katze. Nur das es eventuell nicht die eigene ist.
Aber ist das nicht letztlich sogar egal? Manchmal ist das fremde Tier eine wirkliche Bereicherung. Vielleicht ist sie hübscher ist als die Eigene oder anhänglicher oder sie bringt auch mal eine tote Ratte als kleine Aufmerksamkeit mit.
Und auch hier drängt sich eine Analogie zu den Kindern auf.
Nehmen wir unseren Sohn. Ein Zimmer wie das Elefantenhaus nach dem Streik, kommt und geht wann er will, kein Geld für das Telefonieren und wenn er schon daheim isst, klaut er Smacks oder Flakes aus dem Küchenschrank und entführt die Milchvorräte in sein Zimmer.
„Nö Mama, dein Vollkorn-Bio-Gemüseauflauf ist echt ein no-go! Ich bin raus!" Spricht's und ward nicht mehr gesehen, bis die Unterhosenvorräte zur Neige gehen oder Mama Taxi zum Einsatz gerufen wird.
Eine echte Katze eben.
Doch die fremde Katze steht schon bereit, denn der Freund der Tochter ist stattdessen eingezogen. Es ist wie ein Partnertausch. Der neue „Sohn" sieht so ähnlich aus wie der Eigene (die sehen heute ja alle gleich aus,

Pudelmütze, Hose in den Kniekehlen, Turnstiefel), hat aber den Vorteil, dass er, da bei anderen Leuten zu Gast ist, mit besseren Manieren aufwarten kann und sich noch wirklich über das Futter im Napf freut: Anders als unser Originalstammhalter lässt er das von meiner Frau geschmierte Pausenbrot nicht liegen und kann sogar kleine Kunststücke vorführen, die unser Sohn meistens verweigert: Den Müll zur Tonne bringen, Abwaschen oder sein Handtuch nach dem Duschen an den Haken zu hängen zum Beispiel.

Da macht es dann meiner Frau sogar wieder Spaß, zu kochen und sich Gedanken über den Belag seines Schulbrots zu machen.

Letztens war mir sogar so, als würde sein Hosenbund bereits ein wenig spannen.

Wahrscheinlich wird er demnächst auf Diät gesetzt.

Wie unsere dicke Katze.

Tipp 8: Abgekühlt

Je kälter eine Speise, desto weniger essen wir in der Regel davon (dieser Tipp gilt nicht für Eis-Junkies oder Schotten, die Mars, Snickers & Co. immer aus dem Tiefkühlfach essen).

Lagern sie doch die Schokolade oder Gummibärchen, zu denen sie im Supermarkt verführt worden sind, im Eisfach. Sie werden überrascht sein, wie schnell ihre Lust auf Süßes plötzlich gebändigt ist! Haben sie schon mal vom Tiefkühlhähnchen genascht oder am gefrorenen Lachs geleckt? Das ist wie eine kalte Dusche. (Männer wissen, wovon ich spreche.)

Danke, Vodafone

Demnächst werde ich der Vodafone-Zentrale in Düsseldorf einmal einen freundlichen Besuch abstatten müssen. Unbewaffnet, um nicht in Versuchung zu geraten.

Es ist Sonntagmorgen, sehr früh, also eigentlich in der Nacht. Im Traum liege ich in einem Swimming-Pool voller Geld und genießte die Sonne. Meine Frau tänzelt lasziv herbei und serviert mir einen kühlen Saftcocktail. Da klingelt mich mein Handy zurück in die Wirklichkeit. Beethovens 5. Symphonie um halb 3 und man ist sofort wach. Vodafone hält die frühe Stunde für eine sehr gute Gelegenheit, mir einmal ganz persönlich per SMS „Danke" zu sagen. Einfach so. Weil ich es bin, schreiben sie. Vielleicht, weil ich meine Rechnungen immer pünktlich bezahle oder dem Drängen der Familie, endlich zum Aldi-Talk zu wechseln, widerstehe, obwohl wir mittlerweile mehr über Textmitteilungen kommunizieren als durch echte Gespräche. Inzwischen tippe ich schneller, als ich sprechen kann. Womöglich ist es aber auch nur völlige Selbstlosigkeit, wie mich meine Frau aufklärt: Sie hat wie bekannt ihren Dalai Lama gelesen und vermutet in jedem das Gute. Wie dem auch sei: Auf jeden Fall duldete es keinen Aufschub, mir mitten in der Nacht das Lied „Wenn Worte meine Sprache wären" von Tim Bendzko zu schenken. Ich bin sprachlos. Wahrscheinlich ahnen sie, dass ich oft gerade um diese Uhrzeit bereit bin für Anrufe, besonders am Wochenende, wenn die Kinder mit dem Auto unterwegs zu irgendwelchen Komasauftanz-drogenorgien (oder wie ihre Partys so heißen) sind.

Aber auch aus dem Urlaub bin ich geübt, denn wenn ich reise, informiert mich Vodafone gebetsmühlenhaft Tag und Nacht über irgendwelche Tarifversprechen, falls ich aus London oder Bullerbü meine Daheimgebliebenen ansimsen möchte.

Vodafone weiß: Wenn ich schlafe gibt es keine Arbeit, die mich ablenkt (Büroschlaf haben sie noch nicht drauf!) und keine Familie, der ich mich widmen könnte. Ich bin ganz Ohr. Und mir fehlen die Worte: 1,99€ und dazu, nur weil ich es bin, die Bereitstellungsgebühr für einen ganzen Monat, immerhin 99 Cent. Dafür würde es nicht mehr tuut-tuut machen, wenn sonst das Freizeichen erklingt. Wenn das kein Grund ist, aus dem Tiefschlaf geweckt zu werden.

Tuut-tuut?

Ich denke an mein erstes Schulbuch.

Tuut-tuut, ein Auto.

Miau-miau, eine Katze.

Ich atme tief ein.

Und aus.

Ich will aber tuut-tuut!

Ich will ein Freizeichen.

Und ich will Schlafen.

Verdammt.

Ommmmmm, rät mir meine Frau auf Mentalesisch, der Sprache des Geistes, denn sie schläft friedlich weiter.

Ich starre auf die gnadenlos leuchtenden Zahlen meines Weckers und ahne:

Das wird nichts mehr.

Deshalb stehe ich auf und versuche Alexander Panczuk, seines Zeichens „Politischer Referent für Jugend- und Verbraucherschutz" anzurufen. Er grinst mich auf der Vodafone-Homepage an und labert etwas vom Wissen

„um unsere gesellschaftliche Verantwortung" und das Vodafone „diese Tag für Tag wahrnehmen würde - ob bei der Reduzierung von Energie, dem Einsatz für soziale Projekte oder dem Schutz von Kindern und Jugendlichen."

Ich möchte ihn nach dem Schutz von Schlafenden befragen, aber er ist nicht erreichbar. Wahrscheinlich dreht er gerade an einer freizeichenfreien Gebetsmühle, hört dabei Tim Bendzko und formuliert die Nachricht, die mich irgendwann in meinem Urlaub in Schweden aus dem Schlaf reißen wird: Willkommen! Surfen sie in Südafrika für 15€ 24 Stunden lang im Internet!

Schlangen sehen

Und der Herr sprach zu Mose: Sage Aaron: strecke deine Hand aus mit deinem Stabe über die Ströme, Kanäle und Sümpfe und lass Frösche über Ägyptenland kommen.

Die Zeit des Zirkus ist vorbei. Hat Harry Barelli gesagt und der gute Mann ist Zirkusdirektor und muss es daher wissen. Die Gründe sind so vielfältig wie ein bunter Abend in der Manege: Wirtschaftskrise, Internet, Tierschützer sowie die Tatsache, dass ich meiner Großfamilie dieses europäische Kulturgut vorenthalten habe. Dabei hätte ich mit meinem Kindersegen allein einen kleinen Wanderzirkus am Leben erhalten können. Und, natürlich, Schuld hat wie immer, die EU, nach deren Vorschriften in manchen Ländern keine Elefanten vorgeführt werden dürfen oder Glühbirnen durch teure Energiesparlampen ersetzt werden müssen.

Seit immer weniger Zirkusse durch das Land ziehen, seit es also immer weniger Dorfplätze oder unbebaute Grundstücke gibt, auf denen Zelte eingepflockt, Lamas zum Weiden geschickt und überteuerte Liebesäpfel verkauft werden, scheinen Reptilienshows in die Bresche gesprungen zu sein.

Ich höre schon den Ruf „nehmt die Wäsche von der Leine, die Echsen kommen". Es kann natürlich auch anders sein: Wie auf Guam die Braune Baumnatter, bringt die Große Reptilienshow das fragile ökologische Gleichgewicht auf dem Unterhaltungssektor zum Wanken. Nur kann man Reptilienshows leider nicht in Fallen fangen und abtransportieren.

Wie dem auch sei: Der Zirkus ist auf dem Rückzug und gäbe es die Grundschulen nicht, die mit ihrer jährlichen Projektwoche „Manege frei" die Kinder an die Hundedressur, den Purzelbaum und das grazile Verbeugen heranführen, hätte er gar keine Daseinsberechtigung mehr.

Wo früher Ponys mit lustigem Kopfschmuck im Kreis hospitierten oder der dumme August einen mit der Bratpfanne über den Kopf gezogen bekam, kann man nun Geckos, Leguane oder Schlangen dabei beobachten, wie sie gelangweilt in ihren Terrarien liegen und Menschen dabei beobachten, wie sie Reptilien beobachten. Nur ohne Musik und rosa Federpuschel auf dem Kopf. Da war ja der Riesenpython, den man sich für 3 Euro und ein gruseliges Polaroidfoto in der Zirkusvorstellungspause um die Schulter legen konnte, noch spannender. Der Inhalt hat gewechselt, doch um das Ergebnis mache ich dasselbe: Einen ganz großen Bogen!

Die Reptilienshows, das sind die Schlecker-Märkte des Entertainment: So wie immer, wenn ein Schlachter oder der örtliche Fernsehservice seinen langen Kampf gegen Lidl oder Saturn verloren hatte und gerade kein Makler oder Pflegedienst zur Hand war, eine Drogerie dieser Kette die in der Regel in unattraktiver Lage liegenden Läden gezogen ist (wie Einsiedlerkrebse in ausgediente Schneckenhäuser), schlängeln sich Reptilienshows in die aufgegebenen, bunten Kuppeln aus Segeltuch und PVC. Konsequenterweise sollte es demnächst statt gebrannter Mandeln und Liebesäpfeln dort gebrannten Frosch oder Liebesgecko als Süßigkeit zu kaufen geben. Und natürlich Lakritzschlangen.

Zirkusse sterben also aus. Ich bin mir nicht mal sicher, ob das die korrekte Mehrzahl von Zirkus ist. Diese grammatikalische Besonderheit hat mich nie sonderlich interessiert, da schon ein Zirkus einer zu viel ist. Auch der australische Kasemattenolm wird bald nur noch eine Erinnerung sein und obwohl ich nie eines dieser putzigen Tierchen gesehen habe, geht mir sein Schicksal näher als das bevorstehende Karriereende von Zirkusdirektor Barelli.

Womöglich liegt es aber auch nur am Veranstaltungsort selbst. Ein pränatales Trauma könnte eine Abneigung gegenüber alle Arten großer Zelte oder Kuppeln hervorgerufen haben. Ich erinnere ausgeblichene Fotos mit meiner Mutter in weiten Umstandskleidern, Marke Augsburger Ballonfabrik oder durchscheinende BHs in Dreifach-D.
Auch der Geruch könnte dabei eine wichtige Rolle spielen. Dieser Sinn soll ja einer der Nachhaltigsten überhaupt sein. So wie ich mich an den wunderbaren Bratenduft bei meiner Oma erinnere, sind mir das verwirrende Aroma von Sägespänen, Elefantendung und Zuckerwatte schmerzlich präsent. Meine Premiere hatte ich im Russischen Staatszirkus, wobei mir – ehrlich gesagt - nur noch ein gänzlich unkomischer Clown und die Nummer mit einer Frau im Lederkostüm, die zwei Männer verprügelt und mit einer langen Peitsche züchtigt, in nachhaltiger Erinnerung geblieben ist. Wahrscheinlich würde ich, selbst wenn der HSV seine Bundesligaspiele in einem überdimensionalen Zelt austrüge und der Direktor Raffael van der Vaart hieße, einen großen Bogen darum

machen. Es sei denn, Sylvie Meis würde mit einer Peitsche…doch ich schweife ab.

Erst jetzt wird mir klar, dass selbst meine Abneigung gegen Urlaube in Frankreich nicht auf dem blättrig-kargen Frühstück, der konsequenten Verweigerung anderer Weltsprachen oder der Verkehrsbeschilderung beruht, sondern einzig und allein der Tatsache geschuldet sein dürfte, dass wir dort immer gezeltet haben. Es waren nicht die riesigen Hirschhornkäfer und die noch riesigeren Holländer in ihren trutzigen Wohnwagenburgen und auch nicht der nächtliche Krach der Spanier, deren Abendbrot gegen Mitternacht begann und in meiner Tiefschlafphase zum Höhepunkt gelangte, die mir den Urlaub verleideten. Die Unterkunft war es. Zeltbahn statt Holz, Plastikfenster statt Thermopen, Lehm statt Parkett. Dazu Entertainment vom Feinsten: Der Swimmingpool mit Badeshortsverbot, WC-Reinigung von 8-11, ein ständig gleißend hell beleuchteter Bouleplatz und, sie ahnen es: Zirkus am Samedi.

Noch. Bald werden gewiss auch dort die Reptilienshows die Macht ergreifen. Unaufhaltsam wie die Aga-Kröte Australien, werden sie die Zelte Europas erobern. Hamburg ist gefallen, Lübeck und auch die Seebäder an Nord- und Ostsee bieten keinen Schutz mehr und wurden von Schlangen, Echse, Kröte & Co. bereits eingenommen. Aber es besteht Grund zur Hoffnung, denn man weiß ja, was aus Schlecker geworden ist.

Trotz aller Reptilienshows zieht es mich aber immer wieder ans Meer. Um mit dem von mir sehr verehrten Philosophen Dittsche zu sprechen: Seebäder ist das

Stichwort. Wenn der Sommer am heißesten, die Hinterbänkler in Berlin am lautesten und der Spritpreis am teuersten ist, haben wir Sommer, präziser, Wochenende im Sommer. Dann fährt der durchschnittliche Hamburger an die See, sofern er nicht schon seinem Bollerwagen durch dänische Dünen zieht, sich an Pecorino und Brunello in der Toskana delektiert oder all inclusive auf Malle ballert. An die Ostsee zum Beispiel, die für den Durchschnittsurlauber aus Hamburg, Berlin oder Wanne-Eickel eigentlich eher eine Nordsee ist. Leider ist dieser Name schon vergeben für das Meer im Westen, aber das ist eher ein Thema für Geographen.

Sonnabendmorgens geht es los. Vor dem Frühstück, wir wollen ja vom Tag etwas haben. An Lübeck kommen wir gut vorbei, die Bad Schwartauer Marmeladenfabrik grüßt bei Tempo Hundert und erinnert an das Frühstück, das wir uns zu Haus aus Zeitgründen erspart haben und das man gleich an der See einzunehmen gedenkt. Doch hinter Neustadt stockt es. Ein trauriger kleiner, aber fieser Stau, der es nicht wert war, vom Verkehrsfunk erwähnt zu werden und Hunger, Blase und Geduld auf die Probe stellt. Auf Schildern (nicht auf Schildkröten!) wird für Reptilienshows geworben, aber auch für Modelleisenbahnen, Aquarien, Katenschinken oder Eselhöfe. Wir kommen gar nicht hinterher zu entscheiden, was davon wir zuerst nicht machen wollen. Und natürlich fragen die Kinder die Frage aller Fragen „Wann sind wir da?", worauf wir Eltern mit den Schultern zucken und die Autobahnmeisterei Scharbeutz oder wer immer für die Baumaßnahmen in Hauptreisezeit zuständig ist, die zweite biblische Plage an den Hals wünschen.

Doch womöglich tun wir den wackeren Beamten unrecht. Viel wahrscheinlicher ist, dass die Modelleisenbahner Gau Nord, der Aquaristikverband Holstein, die Interessengemeinschaft Wagrischer Räucherkatenbetreiber, holsteinische Eselhalter und diese verdammten Reptilienshows die Staus organisieren, damit man ihre teuren Schilder liest.

Letztlich aber wird die Geduld belohnt: In der Ferne glitzert die See und dann sucht man nur eine halbe Stunde nach einem Parkplatz und schon geht es vollbepackt wie die 17-Uhr-Karawane zwischen Daressalam und Tabora Richtung Wasser. Für die einen: Anstehen für einen Strandkorb. Die anderen machen sich auf zum Bäcker. Der Magen knurrt.

Die Menge der Wartenden erinnert an Westpropaganda zur Zeiten des real existierenden Sozialismus. Als ob in Dresden-Blasewitz eine Ladung Bananen aus Kuba eingetroffen wären. Die Schlange ringelt sich um Kaffeehaustische, Fahrradständer, Kaugummiautomaten und angebundene Hunde, ehe sie sich fast in den ruhigen Räumlichkeiten des gegenüberliegenden Bäckers verliert. Dort ist es so leer, weil die Brötchen nur ofenfrisch heißen und nicht sind und die Verkäuferinnen keinen Button mit einem lächelnden Smilie und ihrem Namen tragen. In unserem Bäcker, der heutzutage eigentlich Aufbäcker heißen müsste, werden Blech um Blech vorgefertigter Brötchen in den Ofen geschoben, doch die nach zehn Minuten in den Tresen geworfenen Knackis reichen immer genau für einen Kunden, der die fünfundsiebzig Stück für seine ganzen Campingplatzfreunde mit abgezählten Zehn-

Cent-Münzen bezahlt und dann doch die Bild vergessen hat. Wechselgeld für den deshalb doch noch zum Einsatz kommenden zusammengefalteten Fünfziger aus der stillen Reserve hat die Aufbäckerin dann trotzdem nicht ausreichend und muss erst zur Kollegin gegenüber. Hätte sie doch bloß ein paar Brötchen mitgebracht. Mittlerweile ist mir ihr Name und Ofenfrische der Brötchen egal.

Irgendwann komme ich stolz wie Oskar zu den Lieben, die in der Warteschlange für den Strandkorb um acht Plätze vorgerückt sind. Es herrscht eine ruhige, fast heitere Atmosphäre voller Vorfreude und Disziplin. Man könnte fast meinen, in England zu sein, wo sich bekanntlich schon bei zwei Wartenden an der Haltestelle eine Schlange bildet. Aber eben nur fast: Die Brötchen trage ich wie eine Monstranz in den Händen. Sie sind schwer erkämpft gegen eine Frau aus dem Rheinischen, die mit dem alten Trick „darf ich nur mal wat fragen" die Warteschlange hatte umgehen wollen und dafür fast mit zusammengerollten Lübecker Nachrichten aus der Bäckerei geprügelt worden wäre. Alle haben es eilig, alle wollen den Tag an der See voll auskosten.
Nur Minuten vor der Mittagsessenzeit sitzen wir endlich im Korb, das Frühstück auf den kleinen Aufklapptischen sparsam drapiert und lassen uns die Brötchen schmecken. Es riecht nach Salz, Niveacreme und Pommes rot-weiß. Von See übertönt langsam ein Tuckern das Geschrei badender Kinder. „Der Fischer kommt", raunt es durch die Körbe. Wie früher, wenn das fahrende Volk im Anmarsch war und es hieß: „Der Zirkus kommt!". Kinder laufen und die Alten greifen

zum Portemonnaie, nehmen ihre Handtücher von der Leine und verschließen ihre Körbe. Fisch ist gesund und nirgends so günstig und frisch wie direkt vom Kutter.

„Wir könnten doch auch ein paar Filets mitnehmen" kommt der Einfall aus dem Korbinneren, „wozu haben wir diese tolle Kühlbox angeschlossen?"

Für Getränke und Butter und Aufschnitt denke ich und als Test für die Kraft der Batterie, mache mich aber doch auf den Weg zum Anleger. Der frühe Vogel fängt den Fisch, doch fünfzehn andere Vögel waren schneller oder haben sich einfach mal auf gut Glück angestellt. Frei nach dem Motto: Hier ist die Schlange lang, da muss es was Schönes geben oder etwas Billiges.

Der Fischer hat eine Bierruhe, kein Wunder, er ist ja nicht zum Urlaubmachen hier; er lässt sich den schwankenden Kahn von einem beflissenem Urlauber festmachen, drapiert Wassereimer, Fischbrett, Filetiermesser, Plastikbeutel, die Kasse und dann die Hauptsache: Schwere Kisten voller zuckender Leiber Fisch. Dorsch, Scholle und Steinbutt hat er heute. Noch ein paar launige Worte zum Verhältnis zwischen Wassertemperatur und Fangerfolg und schon geht es los. Die erste in der Schlange scheint die Frau vom Mann zu sein, der die Brötchen für den halben Zeltplatz gekauft hat. Vierzig Filets bitte, lautet ihr Wunsch. Zunächst macht es noch Spaß, einem Profi bei der Arbeit zuzusehen. Wenn ich filetiere, bleiben bei Zwanzigpfündern erbsengroße Fetzen Fisch zurück, doch der Mann in seiner Gummihose und den schweren Stiefeln schneidet einmal hier, dann da, zieht mit dem Messer an der Mittelgräte und der Haut entlang wie durch Butter, dass es nur eine Freude ist. Da vergisst man gern, dass die Waage, an die er schließlich die Plastiktüten mit dem zukünftigen Mittagessen hängt, immer von vorneherein auf 5kg steht.

Leider komme ich kaum voran, denn alle wollen großküchenartige Mengen. Mundgerecht vorgefertigt. Kann eigentlich keiner mehr selbst filetieren? Dann verbreitet sich das Gerücht, dass der Steinbutt ausverkauft ist und auch der Dorsch zieht seine Flossen ein. Die Frau vor mir kauft den letzten Fisch, irgendetwas Mickeriges, aber Hauptsache schuppig. Das war es. Mit allerlei Weisheiten zum Seewetter, einem Sonnenbrand im Nacken, aber ohne Fisch, ziehe ich nach einer Stunde von dannen.

Dort droht erneut Unheil, denn die Weißbrotbrötchen verlieren rasch ihre Nährkraft. Es wird Zeit für ein verschobenes Mittagessen. Der Imbiss lockt, das haben wir gerochen, mit Pommes rot-weiß, Minipizza und Riesencurrywurst. Ich reihe mich also ein in die Schlange der Hungernden und erkenne ein paar Leidensgenossen vom Anleger wieder. Seelachsfilet in Panade soll ja auch sehr lecker sein. Nach einer Stunde bin ich wieder am Strandkorb. Der Sand weht, die Sonne scheint. Wie herrlich der Sand zwischen den Zähnen knackt. Es riecht nach Salz, Niveacreme und – richtig – nach Pommes rot-weiß. Und zum Nachtisch ein Eis, rufen die Kinder im fröhlichen Chor der Ahnungslosen.

Die Schlange der Eisdiele geht parallel zu der des Imbisses. Die Schatten werden länger. Es wird frisch. Nebenan packt die DLRG langsam ein. Ertrinken ist ab sofort wieder erlaubt. Der Abend nähert sich. Nach dem

Eis bleibt noch Zeit für ein letztes Bad, dann heißt es Abschied nehmen von der See.

Ob jeder auf Toilette war, lautet die letzte Frage und alle, die bis zuletzt im Wasser waren, nicken eifrig. Wer aber doch noch ein größeres Geschäft zu erledigen hat, stellt sich vor die von der Kurverwaltung zur Verfügung gestellten öffentlichen Bedürfnisanstalten, bei denen man sich dieselbe Anzahl an Schüssel wie die der Hinweisschilder gewünscht hätte. Zwei Schlangen ringeln sich fröhlich wie eine Doppelhelix. Bodygebuildete Männer in Sandalen und Socken, dort pilatesgestählte Bikinischönheiten, die sich die Gelegenheit zum kurzen Flirt nicht entgehen lassen und trotz Blasendrucks, Erlebnisse aus anderen Badeorten und von anderen Toiletten zum Besten gegeben. Blicke werden ausgesandt und erwidert oder Handynummern ausgetauscht und gespeichert. Dann stockt der Vormarsch schon einmal, was zu launigen Kommentaren vom Schlangenende führt. Speeddating einmal anders. Oder auch nicht. Desillusionierte oder frisch Getrennte mögen sagen: Auch hier endet die Beziehung unweigerlich in der Scheiße.

Im Auto steht die heiße Luft, während wir an der Bahnschranke auf den Zug aus Lübeck oder Kopenhagen warten, der dort scheinbar gerade erst den Bahnhof verlassen hat. An Neustadt vorbei geht es ohne Stau. „Hurra", jubeln wir verfrüht, denn die sechszehn Kilometer zwischen Lübeck und Bad Oldesloe fordern ein letztes Mal alles von uns ab, auch wenn der junge Mann aus dem Surfer-Bully, der den Kasten Bier vom Tage auf den Grünstreifen pinkelt, für eine willkommene, aber zu kurze Unterbrechung sorgt.

Unter den Hinterbänklern flackern erste Streitigkeiten auf oder es wird Basketball gespielt. Die Kinder fragen alle zwei Minuten, wann wir denn zu Hause wären und ob wir nicht mal zur größten Reptilienshow Deutschlands gehen wollen, auf die riesige Werbetafeln auf von der EU subventionierten Brachflächen hinweisen.

Schluss mit dem Zirkus, rufe ich dazwischen wie Direktor Barelli, Schlangen sehen, wollt ihr? Das hatten wir doch wirklich zur Genüge.

Der Senf-Skandal

Es regt mich auf, wie wenig solidarisch sich die Senf-Fraktion zeigt und ich mit jeder Wurst, die man mir am Imbissstand reicht, ihren Senf mitbezahlen darf. Nicht umsonst heißt es ja eigentlich, jemand „gibt seinen Senf dazu", doch anders als man glauben möchte und anders als schlaue Sprüche oder unerbetene Ratschläge dies vorgaukeln, ist diese Zugabe leider mitnichten kostenlos. Nach überwiegender Meinung aus Wissenschaft, Internetforen und dem Institut Fresenius werden die Kosten für den Senf in der Kalkulation des Würstchenpreises berücksichtigt und so versteckt hinter Naturdarm, Nitritpökelsalz und Fett an den Endverbraucher weitergegeben. Ob er das Zeug isst oder nicht. Ein Skandal, den anzupacken sich nicht einmal Jauch, Plasberg oder Maybritt Illner trauen.

Ich hasse Senf. Ein überflüssiges Gewächs aus der Rubrik Kürbis, Kapern, Kichererbse. Schmeckt nicht, riecht nach Bis(2-chlorethyl)sulfid und erinnert mich visuell an den Auswurf während einer bakteriellen Infektion. Ich mag gelegentlich einen Klecks Ketchup oder etwas Mayonnaise. Sogar wenn sie Majonäse geschrieben wird. Aber ich möchte kein Sputum auf meinen Wurstpappen. Deshalb lasse ich manchmal die Wurst zurückgehen, weil der grüne Haufen neben dem Knacker im zarten Saitling Assoziationen in mir weckt, die zumindest im Zusammenhang mit der Nahrungsaufnahme unerwünscht und gegenteiliger Natur sind. Anders als beim Wein, möchte ich mir beim Verzehr einer Wurst keinen Gedanken über den Abgang machen.

Meistens erhalte ich bitter-böse Blicke oder erlebe völliges Unverständnis, wenn ich meine senf-kontaminierte Pappe zurückreiche und reine Ware verlange. Kürzlich habe ich auf dem Hamburger Dom eine landesüblich im blau-weißem Dirndl bekleidete türkische Grillfachverkäuferin gefragt, warum Senf kostenlos sei, ich aber für Ketchup und Mayonnaise 30 Cent bezahlen muss. Sie sah mich an, als hätte ich mich sabbernd nach ihrer Körbchengröße erkundigt und rang verzweifelt mit den Armen, ehe sie mich sächselnd daraufhin hinwies, dass ich gern vom kostenlosen Senf nehmen könne. Eine Antwort, die mich nicht befriedigte, während sie von einem Kunden, der nicht mehr, sondern weniger wollte, sichtlich überfordert war. Ihre Chefin im Hintergrund befürchtete wohl einen renitenten Kunden und trat aus dem Bratwurstdunst heraus, dabei vorsichtshalber zwei bedrohlich wirkende, muskelbepackte Karussellanschieber heran-winkend. Auf ihren vor Tatendrang gespannten T-Shirts prangten Senf-Flecken. Ich verstand, spendete mein Wechselgeld dem notleidenden Schausteller-gewerbe und verzog mich lieber mit meinen 4 Kleinen zu 1.50€ inklusive Senf, ohne eine abschließende Antwort zu erhalten.

Zuhause wischte ich mir das Fett vom Mund und recherchierte, dass Tomaten und Eier (wenn man nicht auf die Dioxinvariante zurückgreift) tatsächlich kostenintensiver als Senfkörner sind und bei einer Einpreisung die Wurst derart teuer sein müsste, dass keiner sie mehr kaufen würde. Deshalb werden ja wohl auch beide Erzeugnisse als Zeichen des Unmuts – bei

Theaterprämieren oder in der Oper – gern mal geworfen; anderes als Kaviar oder Safran zum Beispiel, die doch viel besser in ein Schauspielhaus passen und auch dem Publikum eher entsprechen würden. Für diese Menschen hat die Senf-Manufaktur nebenbei bemerkt sündhaft teuren Safran-Senf im Angebot, aber den gibt nie jemand dazu.

Ich werde also mit meiner Wurst wohl oder übel weiterhin die Senfesser subventionieren. Vielleicht revanchiert sich einer von ihnen und gibt mir seine obligatorische, weder visuell noch im geschmacklich von der pappigen Unterlage unterscheidbare Scheibe Weißbrot ab. Die ja übrigens auch in den Preis eingerechnet ist und…aber ich will mich nicht aufregen.

First man

Ich finde, meine Frau übertreibt gelegentlich ein klein wenig. Heute früh zum Beispiel musste ich mir anhören, "dass ich ihre Probleme nicht ernst nehmen würde". Die Dramatik der Situation wurde mit großer Stummfilmgestik untermalt: Wirbelnde Hände, aufgerissene Augen, extreme Bogenspannung des Oberkörpers: Oscar-reif! Vielleicht geht es ihnen jetzt wie mir: ich dachte, nun kommt etwas, das mit unserem Kontostand, der Zukunft der Kinder oder der Deutschlands zu tun hat. Es ist ja auch eine ernste Zeit, denn sollte unsere eigene Dispoblase platzen, würden sich die Schulden Griechenlands nur als Euphemismus mit Peanuts vergleichen lassen. Auch ist es beängstigend, dass Generationen von Kevins und Chantalles direkt auf die Verwahrlosung zuverzogen werden, seit die Supernanny hingeworfen hat. Und über den Zustand dieser unserer Republik müssen wir angesichts Sozialabbaus oder Nazi-Morden nicht reden. Und da komme ich, gucke sie verliebt an und frage, ob wir vielleicht noch mal ins Bett....

Doch auch darum geht es gar nicht. Weit gefehlt. Es geht nicht einmal um die Paarung von Socken oder darum, wer das Nutellaglas anstechen darf. Es ist noch viel dramatischer: Sie steht vor dem Spiegel, krallt sich mit den lackierten Zehen verzweifelt in den hochflorigen Berber und stöhnt herzergreifend: "Was ziehe ich bloß an?"
Nicht, dass sie mich missverstehen: Sie ist kein Modepüppchen und ich hätte mein Konto auf jeder Bank, die sie leiten würde; dass jemand wirklich eine

Supernanny ist und nicht nur als Kinderdomina so tut, hat sie mit der Aufzucht und Hege unserer wunderbaren Kinder zur Genüge bewiesen und warum man meine Frau noch nicht für den Job einer Bundespräsidentin vorgeschlagen hat, verstehe ich nun überhaupt nicht. Sie hat sich nie von Freunden Reisen nach Sylt bezahlen lassen, fährt nicht besoffen Auto oder lügt bei Ehrenworten. Doch wie jeder handelsübliche Bundespräsidentenkandidat hat auch sie eine Leiche im Keller, die von der BLÖD-Zeitung – wie immer genüsslich und schön in Häppchen dosiert – breitgetreten werden würde, falls sich als nächste Kandidatin durch das Dorf treiben ließe. Wer weiß schon, wie lange der Gauck mit seinen zwei Frauen durchhält. Seit meine Frau wieder in Vollzeit arbeitet, spielt sich jeden Morgen dasselbe für jeden Mann (sofern er nicht metrosexuell ist) unerklärliche Ritual ab: Die verzweifelte Suche nach dem richtigen Outfit für den Tag zwischen männlichen und weiblichen Anzugsträgern. Rhythmen und Rituale sind wichtig, sagt sie immer wieder und dies nicht nur bei abnehmenden Mondphasen. Die Wahl der richtigen Kleidung, mag sie auch aus mundgepflückter Tussahseide biologisch-dynamischer Eichenseidenspinner gewirkt sein, scheint meine Frau wirklich rhythmisch zu quälen. Anders als der Postbote, der Gasmann, die Supermarktbelegschaft oder der eigene Mann, soll der Chef, Kollege oder Kunde nicht durch kleidungstechnische Fehlgriffe belastet werden. Es muss alles perfekt sitzen, farblich zur Frisur passen und darf in den letzten Wochen nicht getragen worden sein. Deshalb verkneife ich mir auch eine Frage zur heutigen Farbe des Nagellacks. Bloß keine Nebenkriegsschauplätze aufmachen. Die vermutlich umfangreichste

Nagellacksammlung Hamburgs nimmt inzwischen ein ganzes Regalbrett im Schlafzimmer ein und ich will nicht anbauen. Manche Farben kannte ich bis vor kurzem noch gar nicht. Es scheinen sogar welche dabei zu sein, die nur Tetrachromaten und andere Goldfische sehen können."

Du hast wohl diese Sorgen nicht?" sagt sie und schaut mich mitleidig an. Jeans, Pullover oder Socken, die die Geruchsprobe bestanden haben und für ein paar weitere Tage gut sind. Speckige Jacke übergeworfen, in die staubigen Stiefel geschlüpft. Fertig. Meine Frau wird sich bis zur Abfahrt noch dreimal komplett umgezogen und die Schuhe geputzt haben.

"Ich will doch, dass mich die Kollegen wieder erkennen", versuche ich zaghaft meinen Lieblings-pullover mit den ausgefransten Säumen zu erklären, den ich seit Wochen trage. Sie wechselt inzwischen die Schuhe. "Hochhackig oder flach?" Ich versuche es mit "du siehst in beiden super aus", ernte dafür aber kein Lob, sondern bin angeblich "keine Hilfe". Dabei schnauft sie und rollt mit den Augen, während ich meine Schuhe durch Reibung an meiner Wade auf Hochglanz bringe. Wozu trägt man denn sonst schwarze Hosen? Nach meiner üblichen Frage, ob wir bei Tage reisen wollen, denn ihr zweifelnder Blick vergleicht schon wieder die Farben von Halstuch und Kleid, machen wir uns dann tatsächlich auf den Weg, auf dem sie mich mehrfach versichern lässt, das Richtige angezogen zu haben. Dabei sieht sie wunderbar aus. Immer. Manchmal denke ich in einem zarten Anflug von Eifersucht, mir in ihrer Firma einen Job zu suchen, um in den Genuss ihrer täglichen Entscheidungsfindung zu kommen. Womöglich sollte sie doch Bundespräsidentin werden. First Man. Das wäre ein Job für mich, selbst wenn ich dafür meinen Pullover aussortieren müsste. Dann würde ich bewundernd neben ihr stehen und sie den ganzen Tag angucken dürfen.

Tipp 9: Plümper

Eine handelsübliche Saugglocke, vulgo „Plümper", ist sehr hilfreich, wenn man in der überfüllten S-Bahn keinen Sitz oder Platz an der Haltestange bekommen hat. Einfach den Klostampfer an die Decke saugen und schon hat man einen Haltegriff. Sind noch Anhaftungen vom letzten bestimmungsgemäßen Gebrauch daran, bekommt man sogar, als add-on, reichlich Platz um sich herum. In dem Fall: Badekappe nicht vergessen.

Neulich in der Bäckerei Charmant

Ich musste los. Meiner Gattin dürstete es nach Kaffee. Sie ist ein sehr umgänglicher Mensch, aber wenn der Koffein-Level eine bestimmte Grenze unterschreitet, schreitet man lieber ein.

Wir waren unterwegs. Also die To-go-Variante und schnell fand ich eine äußerlich ansprechende Bäckerei.

Der Ansturm auf sonntägliche Backwaren, sich wie die Ostseenbrandung sanft auf pappigen Brötchen wellender Käse und im Sonnenlicht schimmerndes Mett war groß und lies mir Zeit, den Blick schweifen zu lassen. Oder das Ohr, denn die Bäckereifachverkäuferin hinter dem Tresen hatte einen wohl modulierten Bariton, mit dem sie die Gäste inquisitorisch aushorchte und zurecht wies, wenn nicht sofort zackig Meldung über das gewünschte Brot oder Kuchenstück gemacht wurde. Das verschreckte die junge Frau neben mir ähnlich wie mich, dass wir uns nach der gebellten Frage, wer dann der nächste sei, längere Zeit furchtsam ansahen, kurz den Blick pfeifend den Fingernägeln widmeten und nach der knurrenden Nachfrage in einen kleinen Dialog verfielen, in dem wir uns beide gegenseitig in Freundlichkeit übertreffend versicherten, dass sich der andere zuerst bedienen lassen dürfe. Die Kollegin des Baritons wirkte unter ihren zehn zentimeterlangen Wimpern nicht nur besser geschminkt, sondern auch deutlich freundlicher und somit des Wartens wert.

Meine Nebenfrau und ich sahen uns an, doch dann zuckte ich als erster und musste somit auch als erster ran. Im Blinzelspiel war ich noch nie gut.

„Was wollen sie?" patzte der Bariton und es ist immer wieder schön, wenn Erwartungen erfüllt werden.

„Kaffee", erwiderte ich in meiner Einfalt, um die Richtung schon mal vorzugeben - also kein Brot, keinen Kuchen und auf gar keinen Fall eines der Mettbrötchen, die mittlerweile grün glänzten wie eine gemeine Goldfliege – um dann zu präzisieren: „Einen Latte macchiato."

Das nachgeschobene „Bitte" kam zu spät oder half nicht.

„Was denn nun?" Sie rollte mit den Augen. "Kaffee oder Latte macchiato?"

Eigentlich hatte ich mich zu Milchkaffee um-entschieden, traute mich das aber nicht zu sagen.

„Und bitte…"

„Was!!!"

Zaghaft bestellte ich wenigstens für mich noch einen Milchkaffee.

„Einen mittleren."

Der Bariton sah mich an, als wolle sie mich fressen.

„Gibt nur eine Größe!"

Ich zeigte schüchtern auf die Tafel über ihr. Small. Medium. Large.

Sie gönnte mir einen Blick voller Mitleid, wie ihn sonst nur Begriffsstutzige oder HSV-Fans zu sehen bekommen.

Mit den Worten „das gilt nur für Kaffee" wurde mir mein Fauxpas von zuvor aufs virtuelle Mettbrot geschmiert.

Sie schüttelte leicht den Kopf über so viel Unverstand, ehe sie den Einheitsbecher unter die Maschine schob wie ein unfreiwilliger Melker sich und den Melkschemel unter eine Kuh, obwohl er lieber

173

Universitätsprofessor geworden wäre. Es röchelte, es zischte. Dann gab die Maschine den Geist auf. Und wer hatte Schuld!
Keine Frage. Eine Feststellung.

Es war irgendwas mit der Milch. Sie warf mir einen vernichtenden Blick zu und vermutete wahrscheinlich, dass ich mich an der hochkomplexen Apparatur zu schaffen gemacht hatte. Hatte ich? Ich hielt ihrem Blick stand, überlegte aber trotzdem kurz. Nein, konnte mich nicht erinnern.
Sie fummelte an Knöpfen, drehte Räder, hielt schräg, baute aus. Sie hätte natürlich auch gleich Milch nachfüllen können, aber den Vorschlag hatte ich mir aus Selbstschutz verkniffen. Nennen sie es Feigheit. Aber ich hatte einen Auftrag. Das Koffein, sie erinnern sich.

Während Frau Bariton sich noch fluchend an die Entdeckung herantastet, die mir schon lange klar war, erlebte meine Nebenfrau diesseits des Tresens, dass nicht immer alles so läuft, wie man möchte. Ihre scheu gehauchte Frage nach dem vegetarischen Zustand der angeboteter Wraps konnte das süße Wimpernliebchen nicht beantworten und musste meine Latte macchiato Domina befragen, die dann auch unter Umgehung der Kollegin barsch und die Abscheu nicht verhehlend nach Gründen für die vegetarische Ernährung fragte, aber nickend bejahte: „Es ist Pute, steht da doch, also rein vegetarisch."
Während ich noch überlegte, ob das jetzt ein besonderes Bild auf die Qualität des verwendeten Putenfleisches oder hinsichtlich ihrer Sachkenntnis im

Bereich Ernährung/Gastronomie/Kundenservice werfen würde, fand sie die Lösung des Maschinenproblems und füllte einen Liter fettarme homogenisierte ultrahocherhitzte H-Milch ein. Vielleicht reinigte sie auch mit Wasser. Dabei warf sie der Wimpernkollegin einen Blick zu, der genau verriet, wo ihrer Ansicht nach Vegetarier in der Nahrungskette angesiedelt sind.

Kurze Zeit später knallte sie mir die beiden Becher Kaffee, pardon Latte macchiato und den Milchkaffe, mit einem Grunzen vor die Nase. Keine Ahnung was mich ritt, aber dummerweise fragte ich nach Zucker und Deckeln, worauf ich nach meiner Sehschärfe befragt und mit herrischem Nicken auf die Servicestation hingewiesen wurde. Zu guter Letzt fiel mir dann noch eine Münze des Wechselgeldes – klar, ich hatte nur einen großen Schein – in die Frischetheke. Ich ließ die 20 Cent im Wellenkäse und trollte mich. Aus dem Augenwinkel sah ich, wie der Bariton hastig einen Becher Kaffee runterkippte. Vielleicht war sie einfach nur unterkoffeinisiert gewesen. Ich musste los. Meine Frau wartete auf ihren Kaffee. Pardon, Latte macchiato.
Lieber nichts riskieren.

Mit Hut

Wir brauchen ganz ganz dringend Umzugskartons, stellte meine Frau kürzlich fest, das wäre sehr sehr wichtig. Dabei wedelte sie mit einem blöden Hut aus den Fünfzigern, als ob ich die Dringlichkeit nicht schon durch die inflationäre Verwendung von Doppelwörtern verstanden hätte.

Gut gut, dachte ich mir, ich wüsste eine Menge Dinge, die mir wichtiger wären, der Hamburger SV als Deutscher Meister zum Beispiel oder Mayonnaise-Flaschen, aus denen man den letzten Rest auch noch heraus bekommt, aber vielleicht hat sie ja heimlich im Lotto gewonnen und bereitet den Umzug in ein geräumiges, gepflegtes Niedrigenergiehaus mit See- und Waldlage vor.

Doch leider weit gefehlt.

Wir haben so viel Ramsch, den musst du mal auf dem Flohmarkt verkaufen. Ganz selbstverständlich hat sich in Bezug auf Flohmärkte eine strikte Aufgabenteilung etabliert: Es scheint mein persönlicher Ramsch zu sein, den ich verkaufen muss, egal, wer ihn angeschleppt oder in die Ehe gebracht hat. LPs von Billy Joel oder Toto und Romane von Cecilia Ahern sind garantiert nicht von mir, da kann sich meine Frau so oft wiederholen wie sie will sie will. Trotzdem muss ich das Zeug allein loswerden. Meine Frau geht, wenn sie überhaupt mitkommt, derweil einkaufen.

Erneut: Leider.

Nicht, dass sie unnötig viel Geld ausgibt oder Unsinn ersteht (den ich dann wieder verkaufen soll!). Das Problem ist, dass ich Flohmärkte ungefähr so erbaulich finde wie Besuche auf Ämtern oder Vollsperrungen der

Autobahn wegen Brückenbauarbeiten. Auch wenn ich grundsätzlich ein Mensch bin, der Körperkontakt mag, verspüre ich keine tiefere Neigung, mit wildfremden Leuten beinahe so intim zu werden wie mit meiner Frau. Wenn das so wäre, würde ich längst in Japan leben und dort U-Bahn fahren. Wahrscheinlich sind die Kurzzüge zur Rushhour der Verkehrsbetriebe ein Versuch, den Hamburgern dieses Stück fernöstlicher Lebenskultur näher zu bringen. Die Sushiierung des Transportwesens – ist eklig, aber jeder findet es chic. Mittlerweile kann ich dem Mundgeruch meiner Mitpassagiere die Mahlzeiten der letzten Stunden entnehmen oder bei den zahlreichen Alkoholikern die Schnapsmarken recht genau eingrenzen. Auch zur Unterscheidung echter von Silikonbrüsten bin inzwischen ich nicht mehr nur auf visuelle Eindrücke angewiesen.

Doch zurück zum Flohmarkt, wo es außer künstlichen Hüftgelenken bekanntlich alles gibt, was man nie gebraucht hat. Man schiebt sich durch enge Gänge, wobei man krampfhaft sein Portemonnaie umklammert, weil wieder vor rumänischen Diebesbanden gewarnt wurde. Auch wenn sich der gemeine Rumäne aus historischen Gründen gern mit Knoblauch vor Vampiren schützt, kann man den Langfinger leider nicht am Geruch erkennen, denn auf dem Flohmarkt riecht alles muffig nach Keller oder man wird beim geselligen Schieben von Rasierwässerchen und Parfüms betäubt. Aber wahrscheinlich bin ich nur sauer, weil ich nie etwas finde und mit leeren Händen nach Hause gehe.
Und das Verkaufen ist fast noch schlimmer.

Es sähe wohl anders aus, wenn denn alle Flohmärkte so wären wie der an der Ostsee an einem Sommertag vor ein paar Jahren. Das Wetter war sensationell. Über meine wackligen Tapeziertische blickte ich in ein warmes Meeresblau. Eine leichte laue Brise umhüllte mich mit fröhlichem Kindergeschrei aus den sanft an das Ufer schlagenden Wellen und mit einem milden Nivea-Duft aus den langsam erwachenden Strandkörben. Der Standplatz war perfekt: Unverbaubare barrierefreie Lage zehn Meter zum Strand. Der Traum eines jeden Maklers. Mein Auto parkte im Rücken, ich musste nichts wie sonst weit schleppen und es war möglich, zu kommen oder zu gehen wann man wollte. Und das Beste: Ich konnte den Aufbau erledigen, ohne dass schon ein Rentner auf Schnäppchenjagd durch meinen Kofferraum in die Umzugskartons kletterte und fragte, was denn dies und jenes, von dem ich nicht mal wusste, dass ich es hatte, käme. Mir blieb Zeit, meine wunderbare Mischung aus wirkungsfreien Abflexbauchweggeräten, kaputten Wählscheibentelefonen und angestoßenen Bechern mit Abführmittelwerbung in Ruhe verkaufsfördernd zu präsentieren. Das hatte ich noch nie erlebt. Später kamen auch nicht die üblichen Typen an meinen Stand, die alles antatschten, schlecht machten und dann neuwertige Schuhe von sowieso schon nur 5 Euro auf 30 Cent herunterhandeln wollten. Es war das Paradies, denn eigentlich hatte ich überhaupt keine Kunden und konnte es mir erlauben, zwischendurch für ein Bad in die Ostsee abzutauchen. Natürlich hatte ich am Ende des Tages kein Plus in der Kasse, aber das kommt sowieso so selten vor wie ein Flohmarkt ohne einen dieser unerträglich lustigen Händler mit irre witzigem Hut.

Der Tag an der Ostsee war herrlich.

Traumhaft.

Oder habe ich das alles vielleicht wirklich nur geträumt?

Normalerweise läuft es nämlich ganz anders.

Ab und zu, wenn das Konto zu leer oder der Dachboden zu voll ist, tue ich mir also die Sache mehr oder minder freiwillig an. Allein, denn meine Frau hat wie gesagt noch weniger Lust als ich. Eventuell begleitet mich meine jüngste Tochter, die nie einen dieser ökologisch korrekten Kaufmannsläden aus mundgebissener Biobuche hatte und so auf dem Flohmarkt Kindheitsversäumnisse frühzeitig nachholt, was ihr später ein paar schmerzliche Therapiesitzungen oder teure Familienaufstellungen ersparen wird. Kind und Flohmarkt ist allerdings eine unheilvolle Kombination bezüglich einer eventuellen Gewinn-mitnahme. Normalerweise führen Umsatz, Standgebühr und eine mittägliche Currywurst zu einem Plusminusnull-Ergebnis. Mein Gewinn ist der vom Ramsch befreite Dachboden und eine zufriedene Gattin. Hat man ein Kind dabei (oder es kommt meine Frau zu Besuch auf den Markt), geht man mit einem satten Minus nach Hause, denn Kinder finden dort immer etwas mehr oder weniger Notwendiges und wollen außerdem nach der Wurst noch Waffeln mit Nutella. Die essen sie dann schön geschützt unter einem Marktschirm am Waffelstand, während ich mit dem Sturm kämpfe und die Regenfolie mit allerlei Extremitäten am Wegfliegen zu hindern versuche. Denn: So sicher wie das Amen in der Kirche regnet es, wenn ich einen Flohmarktstand gebucht (und im

Voraus bezahlt) habe. Sollten sie einmal ein Gartenfest planen, empfiehlt es sich daher, den Termin mit mir abzustimmen. Oder laden sie mich doch gleich ein; das hat denselben Effekt: Gutes Wetter. Außerdem müsste ich dann nicht auf den Flohmarkt und eine Menge praktischer Geschenke hätte ich auch parat.

Doch zurück auf den Markt an einem typischen Frühsommertag im Wonnemonat Mai oder wann immer es statistisch die meisten Sonnenstunden gibt. Meine Füße sind Eisklumpen und der Regen rinnt mir in den Kragen. Ich fange an, den Kerl mit dem fröhlichen Hut zu beneiden.

Während meine Familie im Trocknen die Waffeln verdrückt oder sinnlosen Nachschub für meinen nächsten Flohmarktstand kauft, muss ich mit türkischen Familienvätern, schottischen Wanderarbeitern oder schwäbischen Hausfrauen über die Preise von Diddl-Bechern, VHS-Videocassetten, Nyltest-Hemden oder Benjamin-Blümchen-Cassetten feilschen. Tööröööh! Wer gegen diese Sparfüchse wohl den Kürzeren zieht? Ich bin sowieso nicht der geborenen Händler. Ich liebe klare Ansagen. 2 Euro. Nicht VB. Nicht 1,99. Feste Konditionen. Gerade ganze Beträge. Preisschilder.

Meine Frau ist da ähnlich.

Dachte ich.

Bis ich ihr einmal heimlich über den Markt folgte und sie bei einem Mann mit Kinderfahrrädern stehen sah. Ein Profi, erkannte ich sofort. Lustiger alter Hut, laute dröhnende Stimme, rostiger Ford-Transit voller Umzugskartons im Rücken. Am Lenker des Rades klebte ein Preisschild, was mir an sich gefiel, auch wenn die Zahl meiner Ansicht nach eher dem Wert des Autos nahe kam. Voller Sorgen blickte ich zu meiner

Frau, der das kleine Fahrrad zu gefallen schien. Schon zückte sie das Portemonnaie. Adieu, Gewinn.

Doch dann sah ich, dass sie entgegen ihrer Gewohnheit zu handeln anfing. Wie ein persischer Teppichhändler auf dem Basar, wenn man das in Zeiten übermäßiger "Political Correctness" überhaupt noch sagen darf. Menschen blieben interessiert stehen, es bildete sich eine Menschentraube, was auf dem Flohmarkt grundsätzlich noch mehr Leute anlockt. Das ist es voll, da muss es was Tolles geben.

Und das Ende vom Lied? Wenig später stand der Verkäufer unter seinem Hut mit Tränen in den Augen da. Der Arme. Weil sie ihn so runtergehandelt hatte?

Ich wagte mich aus meiner nach Keller duftenden Kollektion schwarzer Persianer und trat stolz näher.

Doch von wegen! Freudentränen kullerten über seine Wangen und tropften auf die gesammelten Langspielplattenwerke von Jürgen Marcus und Alexandra. Denn was hatte sie gemacht? Sie hatte den Händler raufgehandelt. Von wegen 70 Euro wären doch zu wenig für das schöne Puky-Rad, wie wäre es mit 80 Euro? Der Lack sei doch noch prima. Oder 90, weil schließlich eine funktionsfähige Lichtanlage vorhanden wäre? Der gute Mann hatte nicht den Hauch einer Chance. Meine Frau, die Menschenfreundin.

Wie hat er sich am Ende über den Hunni gefreut. Und sein Geld bestimmt nicht für Waffeln verschwendet.

Höchstens für einen neuen Hut.

So einen aus den Fünfzigern.

Den hat er anschließend bei mir gekauft. Und mich dabei schön runtergehandelt.

Migrationsküche

Kennen sie diese Sendungen, in denen ein unglaublich cooler Lederstrumpfartiger durch die Welt nehbergt und sich von dem ernährt, was die Autobahn, der Urwald oder der Eingeborenenhäuptling so auf den Tisch zaubern? Ich liebe das. Wie er atemlos, nur mit Schweizer Messer, einer löchrigen Regenplane und Fußlappen aus Gummibaum bewaffnet, McGyver grüßen lässt. Wie er Mann gegen Bestie steht, Kerl gegen Naturgewalt. Zivilisationsgebiss gegen Naturkost.

Es gilt: Exotischer, umso besser.

Der Sir Vival rennt also durch den Urwald und lebt von der Hand in den Mund. Es krabbelt, schleimt oder sieht aus wie von 173 Autos überrollt, er aber steckt es fröhlich in den Mund und leckt sich genießerisch die Lippen. Wer möchte da nicht mit ihm den Fernsehsessel tauschen und auch ein wenig im Dschungel campen? Aber obwohl wir keine Stars sind und uns niemand aus dem heimischen Wohnzimmer herausholt, kann unsereins einen ähnlichen Genuss erleben, selbst wenn gerade kein Urwald zur Hand ist und er dennoch mal etwas essen möchte, dass nur so aussieht wie schon mal gekaut. Oder, als es noch gelebt hat, nur im Erlebnis-Zoo und nicht im Biohof des Vertrauens zu besichtigen war. Alligator, Springbock, Kudu, Elch & Co. ist keine neue Tierpark-Doku aus einem sächsischen Tiergehege, sondern das Exotenfleisch-Angebot gesamtdeutscher Restaurants mit Migrationsküche. Grieche, Chinese oder Italiener waren gestern, Jugoslawen vorgestern: heute sind Australier oder Afrikaner en vogue. Mit Tieren teilweise aus kontrolliertem Abschuss, wie als Qualitätsversicherung zu lesen ist. Ich frage mich, ob die Begriffswahl nur zufällig an kontrolliert biologische Lebensmittel denken lässt oder das Hohlmantel-geschoss aus in abnehmender Mondphase gegossenem Blei mit einem anthroposophischem Filzmäntelchen bestand und irgendwie voll ökologisch war und das Wildbret total lieb getötet hat.

Aber das schönste von allem scheint mir: Wie fremdartig das Gericht auch daherkommt oder ob es sich um Tiere handelt, die der Normalbürger mit der Fliegenklatsche erledigt oder durch abgerichtete Geckos fangen lässt: Es schmeckt immer nach dem guten deutschen Wiesenhof. Der bärtige Outdoormensch in seiner schmutzigen Tarnjacke (die ausgekocht übrigens ein prima Dressing ergeben würde) kniet über einem appetitlichen Kadaver oder Deutschlands bester Restaurantester mit der Referenz einer eigenen Currywurstbude steht vor einem Kessel Buntes in einer rauchigen Gasse Ulan Bators und auf die Frage aus dem Off, wie es denn munden würde, kommt immer dieselbe Antwort: Der Geschmack im Abgang ist der des Deutschen liebsten Federviehs. Denn je exotischer es aussieht, desto wahrscheinlicher ist, dass es an Hühnchen erinnert. Achten sie mal darauf, wenn sie sich mal wieder im Dschungel der Privatsender verzappt haben: Ob Schlange, Käfer oder Feuerfisch - richtige Ausnahmen gibt es keine; Leistenkrokodil zählt nicht, den das soll nach Pute schmecken und Pute schmeckt ja bekanntlich wie Hühnchen. Sogar Ochsenpenis, der eigentlich dem Geschmack von Tintenfischringen ähneln soll, wird vor dem Verzehr in Geflügelbrühe getunkt, um den für exotische Gerichte scheinbar unabdingbaren Hühnchengeschmack zu erreichen.

Nur Hühnchen schmeckt neuerdings leider nicht mehr nach Hühnchen, sondern nach Fisch, Chlor oder Antibiotika, doch das ist eine ganz andere und sehr traurige Geschichte aus dem Wienerwald.

Das Feierbiest

Erinnern Sie sich an Aloysius Paulus Maria „Louis"
van Gaal, den ehemaligen Bayern-Trainer? Ich höre ihn
noch auf dem Meister-Balkon des Münchener
Rathauses, eine Art Rudi Carrell in Lederhose, den
totalen Fußball herausschreiend wie ein Adolf Hitler
auf Genever. Auch sonst war der Niederländer ein
merkwürdiger Typ: Seine Kinder mussten ihn
respektvoll siezen und sich selbst bezeichnete er als
Feierbiest. Wenn man ihn auf dem Balkon erlebt hat —
mit dem rollenden R — garantiert als das größte
Feierbiest der Geschichte seines 1000jährigen Reiches
beim FC Bayern München.
Doch wie so mancher große Feldherr oder kleine
Österreicher hat sich van Gaal maßlos überschätzt. Die
Erfolge schwanden, die Lederhose wurde ihm längst
ausgezogen und nun ist er in München Geschichte.
Vielleicht feiert er zuhause mit Frau Antje in Holland
seine runden Geburtstage oder wenn Holland mal
wieder Vize-Weltmeister wird; das größte Feierbiest
der Gegenwart jedoch sitzt in meinem Wohnzimmer
und plant die nächsten Festivitäten.

Jahrelang wurden meine Frau und ich vom Schicksal
verwöhnt. Namenstage wurden aus kultur-historischen
Gründen ignoriert und Kindergeburtstage fielen bei uns
meistens aus, weil wir den Geburtstermin geschickt in
die Ferien oder meteorologisch unattraktive
Jahreszeiten gelegt hatten. Manche fanden statt, einige
waren sogar ruhig und unproblematisch; Wunder,
vergleichbar nur mit der Marienerscheinung von Fatima

oder dem Gewinn der Fußballweltmeisterschaft durch Deutschland 1954.

Wie überzeugend Eltern auch das Gegenteil zu behaupten versuchen: Kindergeburtstage sind die Zahnwurzelbehandlung des elterlichen Dahseins, nur ohne Betäubung. Als Dreigestirn bilden sie mit Darmspiegelungen und den Karnevalssitzungen im öffentlich-rechtlichen Fernsehen, sofern man nicht unter einem seltenen Gendefekt leidet oder dem ständigen Einfluss bewusstseinsstörender Drogen steht, die schlimmsten Stunden im Leben ansonsten völlig unbeschwert lebender, glücklicher Eltern. Verzogene Gästekinder mit maßlosen Forderungen und Geschenken, die sie selbst nicht brauchen konnten. Eigene Kinder, die von der Situation im Dauermittelpunkt und den beknackten Diddl-Geschenken überfordert sind und ständig beleidigt in Tränen ausbrechen. Eltern, die einem beim Abholen die Sektvorräte wegsaufen und eigentlich nur mal sehen wollen, wie diese Asozialen mit den 5 Kindern leben.

Aber Achtung, hier gilt nicht: Wenn die Kleinen aus dem Gröbsten raus sind, die Feiern keine Kindergeburtstage mehr sind, ist alles gut, alles ausgestanden, dann kann man sich entspannt zurücklehnen und genießen. Endlich nicht mehr mit der Frage herumschlagen, ob man die bescheuerte Lena ertragen muss, nur weil das eigene Kind auch auf deren Party in der Indoorspielewelt mit anschließendem Aufenthalt im Schwimm-Dschungelerlebnisbad und Abstecher zu McDonalds eingeladen war. Oder ob der verzogene Pascal auf die Gästeliste soll, obwohl er (oder dessen blasierte Eltern) den eigenen Nachwuchs regelmäßig bei Geburtstagsfeiergegeneinladungen ignoriert.

Keine Kindergeburtstage, heißt das nie mehr grübeln, ob Topfschlagen zeitgemäß, Pommes frites mit Würstchen am eigenen Wohnzimmertisch en vogue oder gemeinsames Filzen anstatt des Kletterns im Hochseilgarten kreativ genug ist. Alles wird gut, ohne Aufsicht über beleidigte eigene Kinder, ohne die Beruhigung beleidigter fremder Kinder und ohne das verlogene Sekttrinken mit völlig unbekannten Eltern: „Wie war denn der Geburtstag? Probleme? Nein, alles ganz toll, sind ja pflegeleichte Kids", um anschließend mit einem Weinkrampf zusammenzubrechen und das Aufräumen nur unter intravenöser Aufnahme der Sektreste ertragen zu können.

Ich will kein Plädoyer für aufwändige Kinder-geburtstage halten, aber womöglich hat insbesondere unserem Mittelkind dieser Mittelpunkt gefehlt, denn seit einigen Jahren scheint sie alles das aufzuholen, was sie in der Kindheit nicht gefeiert hat. Mit dem 16. Geburtstag, einem offensichtlich magischen Wende-punkt im Leben eines Teenagers, ging es los: Was auch immer passierte, wurde groß, geplant oder spontan (oder auch beides) gefeiert. Nicht nur Geburtstage, von denen es in der Regel einen im Jahr gibt, sondern alles, was sich zu einem Fest aufblasen lässt.

Vorbild ist da wahrscheinlich der Zeitgeist oder die Stadt Hamburg, die ja mittlerweile jeden Mauerfall mit einem verkaufsoffenen Sonntag und jedes zweite Kreuzfahrtschiff mit dem größten Feuerwerk der Welt begrüßt. Jede Ansammlung von Fressbuden um die

Alster herum wird zum Mega-Event und Fußball guckt man nicht mehr im Kreis der Familie vor dem Fernseher, sondern mit einer Million Fans auf der Fan-Meile. Statt sich zu Hause über die gegenseitigen „Douze Points" für die Schnulzen aus GUS-Staaten zu ärgern oder sich über die Windmaschinen begleiteten Push-up Modells aus „the former Yugoslav Republic of Macedonia" beim Eurovision Song Contest lustig zu machen, indem man Marshmallows gegen den Fernseher wirft, grölt man heute auf dem Spielbudenplatz mit zigtausend Schlagerfreunden im größten Astra-Chor der Welt und wirft anschließend Bierflaschen auf Polizeiwagen. Was dagegen?

Ist die Zeit der Kindergeburtstage vorbei, sind die Kinder aus dem Gröbsten raus, kommen sie in etwas viel Gröberes (und damit ist nicht die Haut gemeint): In die Pubertät. Testosteron und Östrogen perlen aus allen Körperöffnungen wie Sirup aus kanadischen Ahornbäumen und ein unbedeutender Geburtstag wie der 16. kann ganz plötzlich die Ausmaße einer prinzlichen Hochzeit im englischen Königshaus annehmen.
Nur ohne Königin und Prinzgemahl, please. Die Eltern als unerwünschte Personen, so eine Art Prinz Pipi zu Hannover der Familie, den man gern versteckt. „Ob man nicht über Nacht wegfahren möchte? Im Hotel schlafen? Oder bei Freunden?" Wir denken an amerikanische Teenie-Filme mit Partys, die zu einer Totalrenovierung des Hauses, einem Großeinsatz der Polizei und Anklagen wegen der Begünstigung von Unzucht unter Minderjährigen führen. „Nein, danke. Wir bleiben."

Wenn man sich nicht wegbeißen ließ, wird man zum Fremden im eigenen Haus. Riesige junge Männer mit großen Schuhen und langen Haaren, die sie ständig nervös befingern. Mädchen in kurzen Röcken und mit verwirrenden Dekolletees, die die Männer auch gern befingern würden. Eine iPhone-Dichte wie im Apple Store. Ladungen von Alkohol und Berge von Knabbereien. Vielleicht Pizza, wenn man Glück hat vom Pizzaservice, im unglücklichen Fall aus der eigenen Küche, die damit über Jahre unbewohnbar wird.

Und dann der Lärm. Nicht mehr dieses hochfrequente Schwimmbadgeschrei kleiner Kinder, dass nur auf die Ohren und vielleicht auf die Nerven ging, sondern tiefere, das Zwerchfell in Schwingungen versetzende Töne, kehliges Lachen, verbunden mit Musikbässen, die einen die Magenschleimhaut beben lassen. Und die der Nachbarn im übernächsten Haus. Ist man dann doch ins Bett gegangen, hinter der verschlossenen Schlafzimmertür, damit niemand hereinplatzt, weil er mit besoffenem Kopf die Toilette nicht finden konnte oder es zum Kotzen nicht in den Garten geschafft hat, dann liegt man da, wartet auf die Polizei und hüpft mit seiner Matratze auf und ab. Die Bässe, sie erinnern sich. Irgendwann, gegen drei, muss man vielleicht mal zur Toilette, doch auf dem Weg trifft man völlig unbekannte Leute, die den Flur hausbesetzt haben und einen ansehen, als ob man das Sonderkommando der Schutzpolizei wäre. Man ahnt: Beim nächsten Mal hilft nur die Flucht.

Unsere Mittlere wirft zwar nichts auf Peterwagen, aber ansonsten wird alles gefeiert, was nicht bei drei auf den

Bäumen ist. Namenstage, Mathearbeiten, herausgezogene Dornen oder ein neues Handy: Immer ein schöner Grund, die Biervorräte des lokalen Getränkemarktes zu plündern, als würde der Gemeine Stockkäfer nicht nur Bienenvölker, sondern auch Hefekulturen vernichten und eine dramatische Gerstensaft-Knappheit verursachen.

Weitere Anlässe für ein gemütliches Beisammensein können der Erwerb eines moderner DVD-Players, die erledigte theoretische Führerscheinprüfung, der Fund einer gewaschene Jeans im Schrank, die bestandene praktische Fahrprüfung, eine 1 in Deutsch, gesund aussehender Morgenurin oder das Zurückbringen schmutzigen Geschirrs in die Küche sein: „Was wollen wir trinken, 7 Tage lange, was wollen wir trinken, so ein Durst."

Mittendrin kleine Zwischenfeiern: Ausnahmsweise die Handtücher zusammengelegt, letzte Klausur geschrieben, zum ersten Mal das Öl im Auto nachgefüllt, die schriftlichen Abiturprüfungen hinter sich gebracht, eine tolle Farbe unter den Nagellacken der Mutter entdeckt oder der Fund zweier passender Socken. Nur nicht nachlassen.

Wir Eltern kommen gar nicht mehr hinterher, Ausflüge zu unternehmen, um vor dem mit der Feierei verbundenem Chaos und den vorwurfsvoll mahnenden Blicken der Nachbarn zu flüchten. Irgendwann gehen einem die Ziele aus oder man kann die mitleidigen Blicke nicht mehr ertragen: „Na, erneut ausgelagert? Feiert die Tochter wieder? Hier ist erst mal ein Tee zum Aufwärmen und dann stellt euch gern zu den anderen Eltern an die brennende Öltonne."

Vielleicht haben sie von der alten VW-Werbung für den Käfer gehört oder erinnern sich sogar noch daran: Ein Käfer läuft und läuft und läuft. Unsere Tochter ist auch so ein süßer Käfer und feiert und feiert und feiert. Wir zahlen und zahlen und zahlen, aber man will ja nicht klagen, wenn es denn wirklich mal etwas zum Zelebrieren gibt. So wie ihr Abitur, dass sie trotz ihrer ständigen Feierstunden mit der recht passablen Note von 1,0 abschloss, worauf ich mir ausnahmsweise die Frage verkniff, warum es keine 0,9 geworden ist, sondern Chips und Sekt besorgte und zu meiner Frau sagte: „Schatz, ich hol schon mal den Wagen".

Eine glatte 1. Da schlug meine Tochter natürlich wieder zu. Wie aus dem Nichts tauchten Cola und Bier, Sekt und Fanta, Wodka, Knabberzeug und Schokolade auf. Sogar aufgeräumt wurde ein wenig, was an sich schon ein Grund für eine Feier war. Eine Feier in der Feier. Matrjoschka-artig, wie diese schachtelbaren russischen Holzpuppen. Das bringt nur meine Tochter. Die Bässe wummerten, Schleimhäute vibrierten.

Eins Komma Null. Kurzzeitig dachte ich daran, selbst mal eine Feier zu veranstalten und meine Tochter fortan zu siezen. Aber eigentlich sähe mir das nach zu viel Respekt gegenüber Aloysius Paulus Maria „Louis" van Gaal aus. Denn das größte Feierbiest der Geschichte ist schließlich nicht er, sondern meine Tochter.

Während einer Lesung in der Umbaubude der Zinnschmelze hatte ich das Publikum gebeten, mir Wörter vorzuschlagen, die ich alle in einem Text unterbringen wollte. Das Publikum übertraf sich darin, mir möglichst sperrige Ausdrücke vorzugeben. Danke dafür!! Es folgen die Wörter, danach die Geschichte:

Plötzlichkeit, Höhenflüge, Sturmflut, Fischmarkt, Sensibilität, Schaffusswalze, Versandkostenpauschale, Vollsuff, Raum-Zeit-Kontinuum, Lasogga, Liebesbeweis, Schnapsdrossel, Brösel, Udhus, Bankgeheimnis, Künstlerproblematik, Abgehakter Babykopf, Wunder-Bar, Faul sein ist wunderschön, Kaleidoskop, Wir können dich ruhig noch rumfahren zuhause müssen wir eh arbeiten, Konfliktpotential, Grützwurst, U-Boot, 87, Käsekuchen, Magdeburger Halbkugeln.

Wunder-Bar

Im Vollsuff konnte er zu ungeahnten Höhenflügen aufbrechen. Es musste wohl diese alte Künstlerproblematik sein. Absinth, LSD, Pattex, abgeschnittene Ohren. Jeder hatte da so seine eigene Sensibilität und persönliche Vorlieben entwickelt. Er war eine Schnapsdrossel. Wenn er trank, am liebsten in der Wunder-Bar auf St. Pauli, irgendwo zwischen Sexshop, Tätowierstudio und Dönerbude, gleich ums heiße Eck, überkamen ihn mit erregender Plötzlichkeit Visionen, wurde sein Geist mit Ideen überschwemmt wie der Fischmarkt vom trüben Elbwasser bei Sturmflut.

Doch heute, das spürte er, musste er nüchtern bleiben. Aus Angst vor den üblichen Kopfschmerzen danach, die ihn immer wieder trafen wie die harten Beats von Ed Udhus, seinem Lieblingsschlagzeuger, und dessen Pearl Ultracast Snare Drum. Vor allem aber als Liebesbeweis für die Frau, die neben ihm am Tresen saß und ihn mit einem Lächeln bedachte, das unergründlich wie das Schweizer Bankgeheimnis sein Raum-Zeit-Kontinuum durcheinander brachte. Eben hatte er noch schlechtbezahlt 87 Touristen aus Ostdeutschland durch das U-Boot unten im Hafen geführt (oder 87 schlechtbezahlte Touristen, haha, den Gag müsste er sich für den nächsten Trupp aus Dresden merken), und mit einem mal saß er gemütlich bei einem Kaffee samt Käsekuchen für 6,95€ neben dieser Lady, deren Brüste ihm vorkamen wie die berühmten Magdeburger Halbkugeln, mit denen Otto von Guericke 1654 die Wirkung des Luftdrucks demonstriert hatte. Faul sein ist wunderschön, sang er leise, fast in Gedanken, doch langsam verspürte auch er einen gewissen Druck.

Der Käsekuchen war akzeptabel. Eigentlich war er kein „süßer Junge". Er hätte statt Kuchen lieber die Grützwurst gegessen, die als Tagesgericht auf der Tafel neben der Toilettentür angepriesen wurde, aus der seine rot-blau geaderte Nase ein warmer Duft nach Klo-Stein umschmeichelte. Seine Oma hatte ihm immer welche gemacht, fette braune Würste, paniert mit Bröseln aus alten Brötchen, nach einem alten Rezept aus ihrer Heimat Abchasien.

Er seufzte.

„Wir können dich ruhig noch rumfahren, zuhause müssen wir eh arbeiten", raunte ihm die wunderbare Lady zu und in seinem Kopf blitzten Bilder auf und verschwanden wie in einem bunten Kaleidoskop der Leidenschaft und Ektase. Es hätte so schön sein können. Wenn der Kerl da neben ihr nicht aufgetaucht wäre. Der Typ bot allerlei Konfliktpotential. Ein Brocken von Mann, der sich nicht provozieren ließ. „Du spielst wie eine Schaffusswalze", hatte er ihm zugerufen, doch natürlich kannte Brocken so was gar nicht. Fußballer eben. Zu viele Kopfbälle. Und auch noch ein HSVer. Auf St. Pauli! Warum trieb sich eine so tolle Frau bloß mit so einem Kerl wie Lasogga herum?

Das Leben war ungerecht.

Der Mann winkte mit einem letzten Blick auf ihre Halbkugeln seufzend ab. Sollten die beiden allein nach Hause fahren und arbeiten. Arbeiten. Lächerlich.

Er würde jetzt wohl doch die Schnapskarte der Wunder-Bar in ihrer feucht-fröhlichen Gänze testen und dann entweder das beste Bild aller Zeiten malen oder diesem Kicker einen abgehackten Babykopf zuschicken. Auf Rechnung. Mit Versandkosten-pauschale.

Ja, im Vollsuff konnte er zu ungeahnten Höhenflügen aufbrechen.

Tipp 10: Reden. Reden. Reden.

Besonders in einer Beziehung (zum Mann, zur Frau, zu den Kindern, zu Freunden, zum Schornsteinfeger, einfach zu allen, die einem etwas bedeuten) ist, anders als im bekannten Sprichwort, Schweigen kein Gold. Schweigen ist nicht mal Silber und übrigens auch kein Platin. Es ist überhaupt kein Edelmetall, denn das Schweigen oder Stillhalten, das Erdulden und Schonen korrodiert die Liebe oder Freundschaft wie Sauerstoff ein unedles Metall. Und selbst wenn man denkt, eine schöne Patina zu sehen, ist es darunter oft doch nur Zerstörung, ist es mehr Schein als Sein.

Schweigen ist eher wie Blei, liegt schwer im Magen und vergiftet das Verhältnis langsam und schleichend. Wie schwer es manchmal auch fällt, wie groß die Sorge ist, wie verlockend das Schweigen nach Friede, Freude und Eierkuchen duftet:

Reden. Reden. Reden!

Mother's Fine Coffee

Keine Ahnung, welches Geschlecht politisch korrekt ist, aber auf jeden Fall ist es Olivia Jones, der oder die auf der gegenüberliegenden Straßenseite auf Schwindel erregend hohen High Heels Richtung St. Pauli Museum stakst. Im Gefolge, wie Hobbits hinter dem Zauberer Gandalf, ein Trupp Touristen, jeder stilecht mit einem Kurzschwert in Form einer Flasche Astra bewaffnet, allzeit bereit, das (Fr)auenland zu erobern. Olivia Jones perückter Kopf kreist wachsam über dem kleinen Volk aus sächselnden Ehepaaren, Kölner Karnevalisten und schwäbischen Hausfrauen, die auch alle einmal so berühmt sein wollen wie die Hamburger Vorzeige-Transe. Die für mehr als eine Viertelstunde Superstar sind, wenn sie mit dem aufgerüschten Oliver Knöbel über die Davidstraße ziehen und dabei tiefe Einblicke in die Arbeit der Straßenmädchen machen dürfen. Mein Ziel ist ein kleines Kaffee Ecke Kastanienallee. "Mother's Fine Coffee" macht den zweitbesten Kaffee der Stadt. Und wenn man noch kein Stammkunde ist, kann man nirgendwo so geringschätzig bedient werden, wie hier. Das ist schön in einer Welt, in der alle immer nur nett und kuschelig zueinander sind. Der Laden soll angeblich einem Hell's Angel gehören und das könnte stimmen.

"Mother's Fine Coffee" hat nichts von dem sauberen und glatten gestylten Einheitsschickimicki der Balzacs, Starbucks oder Double Coffees. Aber es ist auch nicht schmuddelig oder heruntergekommen. Anstelle uniformierter Kaffeesoldaten begrüßen den Gast tätowierte und gepiercte junge Frauen, die so wirken, als jobben sie für ihr Soziologiestudium oder haben in der Drogenambulanz nebenan keinen Job gefunden. Statt kostenpflichtiger Werbeartikeln mit dem Firmenlogo oder einer gebundenen Geschichte des Firmengründers, kann man schon am Nachmittag in der Nachtausgabe der Morgenpost blättern oder den Ständer mit den Werbekarten unbekannter Musikclubs überfliegen, während der Kaffeesatz aus der Form geprügelt wird, als schlüge jemand auf einen Amboss oder sein Schicksal ein. Je nach Geschmack der diensthabenden Schicht dringt leise unaufdringliche Musik oder Punkrock an das Ohr des Gastes, während eine kleine goldene Katze unaufhörlich mit dem Arm winkt. In der Theke warten unglaublich leckere Muffins unter Glashauben auf den hungrigen Gast. Auf Wunsch werden Bagels mit einer süchtig machenden Creme zubereitet und ein Plakat an der Wand beweist, dass irgendwer mal irgendwo einen Kontakt mit Sandra Bullock hatte.

Ich warte.

Normalerweise nicht so gern. Verkehrsstaus, Kassen-schlangen und Wartezimmer sind mir ein Graus. In "Mother's Fine Coffee" macht es Spaß. Vor mir hat eine Prostituierte vier Kaffee bestellt, einen davon Laktose frei. Klar, warum sollen nicht auch Freudenmädchen intolerant sein? Ihre künstlichen Fingernägel mit kleinen Strasssteinchen klackern auf dem Tresen und ihr Dekolleté ist von der Art, dass ich nicht weiß, wohin mein Blick gehen darf, ohne auf die Davidwache verbracht zu werden. Von hinten drängt ein schwules Pärchen, in ein Gespräch über Fotografie vertieft. Ein Kerl mit der tätowierten Aufforderung „Verpiss Dich" auf der Stirn bittet höflich um Zucker in den Chai und greift nach der Bild. Ein Moderator des

NDR sitzt auf einem der Barhocker und studiert die ausgelegten Veranstaltungshinweise. Vor dem Fenster blinkt und funkelt es, doch es ist keine weihnachtliche Beleuchtung, sondern eine Abschleppparty, wie ein neuer Gast fröhlich bemerkt. Parkplätze gibt es in der Gegend nur per Zufall oder wenn die Polizei Geld ins Stadtsäckel schaufeln muss.

Ich stehe wie immer in der Einfahrt zu einer Tiefgarage. Meine Frau wartet im Wagen, bereit zum Rangieren, doch noch nie wollte jemand in die Garage fahren oder kam heraus. Dafür geht es an einer unscheinbaren Stahltür ein paar Schritte links wie in einem Taubenschlag zu. Wir fragen uns, was sich in dem Haus verbirgt. Es gibt kein Schild, keine Klingel, keine Werbung. Nur ein unablässiger Strom von Menschen beiderlei Geschlechts. Rechts von der Einfahrt war bis vor kurzem ein Kostümverleih mit dem wildesten Sortiment an Kleidern, Sakkos und Anzügen, das man sich denken kann. Endlich begreife ich, wo Stars wie Florian Silbereisen oder die Flippers sich eingekleidet haben. Weiß, bunt gestreift, glitzernd. Ein Abbild der Welt rundum.

Die Prostituierte hat sich samt ihrem winzigen rattenartigen Hund aus dem Laden verabschiedet. Es ist Winter. Sie trägt Moonboots statt High Heels und der Hund eine kleine Decke. Es wird Zeit. Ihre künstlichen Fingernägel klacken ein ungeduldiges Lied auf den Tresen. 20 Uhr. Auf der anderen Straßenseite formiert sich bereits der Straßenstrich, aber bis zum ersten Freier kann es kalt werden und schon Michel aus

Lönneberga wusste, dass man stets warme Füße haben muss, um nicht krank zu werden.

Ich ersuche die Bedienung um einen Milchkaffee, während mein Blick noch auf den mehr oder weniger erotischen, aber teilweise unglaublichen Dekolletés des Straßenstrichs liegt. "Eine große Latte?", fragt die Bedienung dann immer zweideutig und ich nicke. Die Latte ist für meine Frau. Ich bestelle mir einen Kaffee Mokka. Der Clou: Er schmeckt nicht nach Kaffee. Auch nicht nach Mokka. Sondern nach Kakao. "Nimmst noch Zucker in die Latte?" werde ich barsch nach meinen Trinkgewohnheiten oder sexuellen Eigenarten verhört. Ich verneine, worauf sie einen Plastikdeckel auf den Becher presst. Dann errechnet sie, stets mit Hilfe eines altersschwachen Taschenrechners, den Preis meiner beiden Getränke, für den man bei Balzac kaum eine homöopathische Dosis Filterkaffee bekommen hätte. Das Wechselgeld werfe ich in das Glas mit dem Schild "Tip", schön laut, um eine gequältes "Danke" zu provozieren.

Ein Lude oder ein Gebrauchthandyladenbesitzer blubbert mit seiner Corvette durch die Davidstraße, während die ersten potentiellen Freier ihren Spießrutenlauf über das Trottoir antreten. Aber wer hier auf backbord Richtung Reeperbahn geht, möchte wohl alle fünf Meter von tiefen Einblicken aufgehalten und kurz umarmt werden. Vorspiel ist alles und kostenlos. Für so manchen hier dürfte die nur auf das Geld des Freiers zielende geschäftsmäßige Umarmung in all ihrer Kälte das Wärmste sein, was die Männer in ihrem traurigen Leben erfahren. Die Mädchen klimpern mit falschen Wimpern. Einheimische und Fachleute klimpern mit dem Schlüsselbund als Zeichen, dass man in der Gegend wohnt und nicht angesprochen zu werden braucht. Ab sofort ist das Fotografieren verboten und auch das Zeigen eines Smartphones kann zumindest mit einem wüsten Schwall übler Flüche böse enden.

Die beiden erfrischend werbungslosen Becher verbrühen mir fast die Hände, während ich im Wettkampf gegen Brandblasen zum Auto zurückeile. Meine Frau ist im Wagen eingeschlafen, während ein Besoffener an den Baum neben dem Auto pinkelt und dabei, die Arme hinter dem Nacken verschränkt, La Paloma singt. Ich frage mich plötzlich, auf welche Toilette wohl Olivia Jones für das kleine Geschäft geht und klopfe an die Scheibe. Meine Frau öffnet mir. Kaffeeduft erfüllt das Auto. Der Pinkler hat einen noch brauchbaren Schuh und Pfand für 16 Cent gefunden. Er torkelt fröhlich davon. Ein knutschendes Pärchen studiert die Vorschläge des Tätowierstudios vis-à-vis. Der Kaffee schmeckt. Das Leben ist bunt und schön.

Und nun eine

Zugabe,

ob Sie wollen oder nicht.

Und auch noch was Ernstes. Gut, auch die Halitosis von Herrn K. oder die verschwundenen Tupperdosen sind eigentlich kein komisches Thema, aber jetzt wird es richtig tiefgründig.

Und wenn Sie sich da durchgekämpft haben, zum Abschluss dann noch ein Schmankerl aus dem Leben, der mir mein höchstes Preisgeld, meiner Frau einen schönen Blumenstrauß und uns ein gemeinsames Abendessen mit allerlei Berühmtheiten und Achim Achilles beschert hat.

Eine Träne

Hatte der Mann mein kurzes Innehalten bemerkt? Oder mich? Seit ich öfter jogge und die neuen gedämpften Schuhe trage, schnaufe ich nicht mehr wie die Brockenbahn durch den Harz, sondern springe lautlos wie ein Tiger durch das Unterholz und erschrecke harmlose Wanderer.

Zu meiner Linken lag das große Feld, dessen Umrundung Bestandteil meiner Laufstrecke ist, satt grün in der Morgensonne. Erste Strahlen griffen nach den obersten Blättern der umliegenden Bäume, die langsam ihr Grün verloren und gelb leuchteten und schon ein ganz wenig rot, doch auf den Pflanzen über dem Boden, die von der Sonne noch nicht wach geküsst waren, lag noch eine erste glitzernde Schicht Raureif. Im Dunst erkannte ich einen kleinen Rehbock, der die Nacht verabschiedete. Oder den Tag begrüßte, auch wenn das letztlich egal war.

Mich berührte die Träne, die dem Mann über die Wange lief.

Der ältere Herr stand gebeugt auf dem Waldweg und beobachtete seinen Hund, einen Dackel, der im Gestrüpp einen Geruch zu bemerkt haben schien und nun versuchte, Jahrtausende alte Triebe gegen die Flexibilität einer modernen Hundeleine durchzusetzen.

Ich stellte mir vor, dass der Mann in seinem Wintermantel bis vor kurzem immer mit seiner Frau durch den Wald spaziert war, Hand in Hand, voll gegenseitiger Vertrautheit und Vertrauen, in Liebe, die sich in eine tiefe Zuneigung verwandelt hatte, erschöpft und glücklich nach einem langen gemeinsamen Leben voller Höhen und Tiefen, nach stürmischen

Nachkriegszeiten, dem Hausbau, dem ersten Volkswagen, den Freuden und den Sorgen mit den Kindern. Die Kinder waren aus dem Haus, kamen leider zu selten mit den Enkeln, lebten ihr eigenes Leben, machten manches falsch und vieles richtig. Es war eine glückliche Zeit, trotz aller Wehwehchen und dann war da ja noch ihr kleiner Hund, der sie brauchte und der ihnen so viel gab. Doch dann wurde seine Frau krank. Es ging ganz schnell, sie musste nicht leiden. Ein Trost? Vielleicht für sie. Er war jetzt allein. Allein in dem großen Haus, durch das Kindergeschrei als Echo fröhlicher Erinnerung hallte. Wenigstens war ihm der Hund geblieben, dem der Mann die Traurigkeit über das Fehlen des Frauchens anmerkte, eine Verwirrung, wo sie hin war, ob er etwas falsch gemacht hatte, weil sie nicht mehr kam und ihn fütterte, kraulte oder hinter den Ohren streichelte. Sein Hund würde mit ihm auf dem letzten Weg gehen, gemeinsam, und der Mann hoffte, dass der Weg auch gleichzeitig endete und niemand allein zurückbleiben müsste. Seine Frau hätte gelächelt und sich gefreut, als der Dackel nun aufgeregt schnupperte und dem Geruch eines Kaninchens in einen Bau zu folgen versuchte. Nun verzog sich auch das Gesicht des alten Mannes zu einem sehnsuchtsvollen Schmunzeln, wodurch die Träne wie ein Blitzen aufleuchtete und die Wage hinab in den Furchen, die sein Leben auf dem Gesicht des Mannes gezogen hatte, verschwand. Ich nickte ihm zu und zog das Tempo an. Der Dackel bellte. Das Reh verschwand im Gebüsch.

Der Mann nieste. Vielleicht war er nur erkältet.
Aber war das letztlich nicht egal?

Türkenstolz

Die anderen Fahrgäste blickten wie ein Spiegelbild des Wetters, ausdruckslos, trist und grau, keine Spur eines Sommers, als wenn er sich im Kalender vertan hatte und es war, als wollte der Wettergott oder ein Tiefdruckgebiet über Schottland oder wer auch immer die Verantwortung trug, sich der Stimmung Elses anschließen, für die die Fahrt von Timmendorf nach Lübeck jedes Mal eine kleine Weltreise schien, eingepfercht in einen Bus, der gemütlich über das Land zuckelte, die Ungeduld seiner Insassen mit seinem brummenden Diesel ignorierend, für sie früher kein Thema, denn bevor ihr Mann in das Untersuchungsgefängnis nach Lübeck gebracht worden war, hatte sie sich nie den Kopf darüber zerbrechen müssen, wenn es galt, irgendwohin zu fahren und sie hatte es auch verlernt, jemanden darum zu bitten, selbst wenn sie nicht gewusst hätte, dass es Willi nicht gefallen würde, denn er versuchte immer noch, die Tatsache seiner Haft zu ignorieren, wie die drei Affen an dem kleinen Glücksbringer, den sie von ihm zu einem Geburtstag zu Beginn des Krieges bekommen hatte.

Augen zu, Ohren zu und auch den Mund ganz fest verschlossen.

Sie mochte Lübeck nicht, es war zu hektisch, beherbergte zu viele Menschen in zu vielen zerstörten Häusern und verwaiste Erinnerungen, doch da Willi oft unterwegs war, um Tabak zu kaufen oder Papiersorten zu prüfen, blieb sie da, wo es am schönsten war, in Timmendorfer Strand, in ihrem Weißen Haus am Meer, wie das prachtvolle Gebäude von den Einheimischen mit einer verhängnisvollen Mischung aus Ehrfurcht und Argwohn, aus persönlichem Neid und lokalem Stolz, genannt wurde und an dessen großen Fenstern sie so oft mit ihrem Willi saß und den Ausblick genoss; die jagenden Wolken, sich in den Horizont auflösende Schiffe und Wellen in allen Blau- und Grautönen ihrer wunderbaren Welt, einer Welt, die sich wie der Rauch ihrer Zigaretten in Luft aufzulösen schien, dabei waren Willi und sie eben doch noch hofierte Gäste auf Veranstaltungen gewesen, die sich mit ihnen schmückten wie die zartgrünen Birken und ihre weißen Stämme den von ihr geliebten Waldfriedhof mit seiner bedächtigen Stille und plötzlich schien Willi ein Aussätziger zu sein, dessen Geld man nahm, ja sich sogar des größten Steuerzahlers des Landes rühmte und denselben Mann doch in den trutzigen Mauern des Lübecker Burgtorgefängnisses im Ungewissen ließ wie Saladin die gefangenen Kreuzritter vor hunderten von Jahren in Jerusalem.

Mit dem Muselmanen konnte man es ja machen.

Der Waldfriedhof, mit seinen Gräbern ihr als Menschen unbekannter Opfer der so unsinnig versenkten Cap Arcona, hatte Else, zu Willis Verwunderung oder vielleicht zu seiner Sorge, sich lieber den Lebenden zu widmen und die Toten ruhen zu lassen, seltsam in ihren Bann gezogen und obwohl sie nichts anderes wollte, womöglich nur die sinnlosen Ertränkten in ihrer Stille begleiten, meldete sich mit der Regelmäßigkeit des Glasens der alten Schiffsuhr, die sie von ihrem Vater geerbt hatte, die Erinnerung an die unzähligen Körper, die sie sich erst als Menschen wahrzunehmen erzwingen musste und bei deren Bergung aus dem kalten Wasser sie geholfen hatte und noch immer stand sie ratlos da und wunderte sich, wenn an demselben Strand, der in jenen Tagen nur ein Strandgut kannte, Kinder lachend und johlend eine damals nie wieder möglich zu scheinende Fröhlichkeit lebten, während Willi, der den Strand damals gemieden hatte wie heute den Waldfriedhof, mit seiner fast manischen Suche nach dem Leben, nun in der Haft vegetierte, die ihm scheinbar ohne Widerstand das Leben auszusaugen schien.

Wie eine Zecke das Blut ihrer Opfer.

Nach einem letzten Blick auf das Burgtor mit seiner fast kecken kupfernen Turmhaube, die Else immer an das Fez denken ließ, das Willi zu besonderen Anlässen trug, wenn es vorteilhaft war, als Türke aufzutreten, hatte Else die schwere schmucklose Tür zum Marschallgefängnis geöffnet und während sie in einem schmucklosen Raum wie jeden Mittwoch darauf wartete, in den Besuchsbereich geführt zu werden, fiel ihr Blick aus dem vergitterten Fenster auf eine Werbetafel, was sie leise und bitter und ohne, dass das Schmunzeln ihre müden Augen erreichen konnte, zum Lächeln brachte und sie noch stärker die kleine Umarmung, die ihnen der Wachmann gestatten würde, ersehnen ließ, denn ausgerechnet vor den Augen (sie wollte ihn lieber nicht fragen, ob er überhaupt aus dem Fenster sehen durfte) des Mannes, der mit seiner Zigarettenfabrik einer Vielzahl von Menschen wieder Arbeit und Hoffnung gegeben hatte, ausgerechnet vor den Augen des Mannes, der aus ihnen völlig unbekannten Gründen in die Mühlen der Justiz geraten war, ausgerechnet gegenüber seinem Kerker pries ein Plakat den Genuss einer Zigarette der Marke Luxor an, einem der erfolgreichsten seiner Produkte, das auch ihres war, weil Willi es, was er immer betonte, ohne Else nach der Ausbombung in Hamburg den Neuanfang in Niendorf nicht geschafft hätte

Willi selbst bevorzugte Türkenstolz.

Obwohl er dies nie gesagt hatte, glaubte Else, dass es weniger mit dem Geschmack dieser anderen erfolgreichen Marke aus ihrer Zigarettenfabrikation zu tun hatte, sondern es eine Reminiszenz an seine Herkunft war, womöglich eine Aufforderung, denn auch wenn man es ihm nicht ansah, war er doch als Türke in Saloniki geboren worden, ehe es an Griechenland verloren ging und Elsa erinnerte sich an die Bilder aus seiner Heimat, als ihr plötzlich einfiel, dass sie die Zigaretten für den Wachmann, den mit den blonden Haaren und der gebrochenen Nase, vergessen hatte und er bestimmt an ihr stillschweigendes Übereinkommen mit einem seiner stillen Blicke erinnern würde, ein paar Schachteln hier und da, die Willi bestimmt nicht schaden würden, wie der Wachmann mit einem seiner wenigen Sätze zu Beginn der Haft angedeutet hatte und da Else wusste, dass die Zigaretten soviel Gutes bewirkt und ihnen die Möglichkeit gegeben hatten, Not und Elend mit ihren Spenden zu lindern, konnten sie auch mal Willi selbst helfen, auch wenn er davon nie etwas erfahren durfte.

Jeder ist seines Glückes Schmied.

Sein Credo und an diesem Glück hatte Willi Jahre gearbeitet, sein Name als Prämisse und als merkwürdige und geheimnisvolle Verbindung zwischen Orient und Abendland, erster Grund, der Else damals in Dresden auf ihn, Willi Derwisch, aufmerksam gemacht hatte, vielleicht, weil Derwische für sie immer eine Art Kastenteufel gewesen waren, die sie mit wildem Tanz assoziierte und das war doppelt merkwürdig, denn Willi hasste kaum etwas mehr als das Hampeln zur Musik, wie er es immer nannte, obwohl für Else gerade die neuen Klänge aus Amerika, die sie in der braunen Zeit erst heimlich am Weltempfänger gehört hatte und jetzt ganz offen gespielt wurden, das reinste Bewegungs-Aphrodisiakum zu sein schienen, etwas von dem Willi nichts hören wollte und er sie stattdessen lehrte, dass ein Derwisch ein Angehöriger einer Ordens-gemeinschaft sei und er sich, auch wenn selbst nicht besonders gläubig und dadurch dem Spagat zwischen Christentum und Islam aus dem Weg gehend, sich dem Namen, der in der muslimischen Welt für Bescheidenheit und Disziplin, aber auch für Weisheit stand, mit Stolz verpflichtet fühlte und er bei ihrem letzten Besuch zu Elses Erstaunen und ihrer Besorgnis gesagt hatte, dass er, der nie über den Tod sprach, darüber philosophierte, dass er, wenn er gehen würde, alles dafür täte, nicht durch sein Nehmen, sondern durch sein Geben in Erinnerung zu bleiben und durch die Spuren, die das Gute, das er Menschen tat, hinterlassen würde.

Und das ohne fremde Hilfe.

Er hätte nichts Falsches getan und anfänglich die Hoffnung gehegt, dass man das am Ende feststellen würde und Elsa hatte ihn traurig angesehen und Willi entgegen gehalten, das es geradezu paradox war und sie nicht verstehen könne, warum er lieber hier verrotten würde, anstatt um Hilfe zu bitten, sei es bei der Aufklärung dieser ungeheuerlichen falschen Verdächtigung und der Unverschämtheit, ihm zu unterstellen, es nötig zu haben, sich der Steuerhinterziehung schuldig zu machen und Banderolen zu fälschen und es grotesk wäre, dass gerade er, der die Hilfe Bedürftiger zur Maxime erkoren hatte, selbst keine Hilfe annehmen konnte, was sie zur Verzweiflung trieb, gerade weil Elsa wusste und Willi ahnte, was der Grund für die momentane Situation war; dieser verdammte Neid auf ihren Wohlstand und der Neid darauf, dass Willi als Türke einige Vorteile unter den Engländern bekommen hatte, um die Produktion mit Hunderten von Flüchtlingen nach dem Krieg wieder aufzunehmen und es kam ihr wie ein Irrsinn vor, dass man ihnen die Möglichkeit, notleidenden Menschen zu helfen, neidete, was auch der zuständige englische Oberst erkannt und Else in einem freundlichen Brief geschrieben hatte, doch auch die Hilfe der Besatzungsmacht wollte oder konnte Willi nicht annehmen und deshalb war Else sogar zum türkischen Generalkonsul gefahren (was Willi natürlich auch nicht wissen durfte), doch auch das war umsonst gewesen und nun saß sie immer noch hier in diesem elenden Warteraum und der Beamte sah sie anzüglich an, während sich Else durch ihr Haar fuhr und sich die Augen rieb, ehe der unverschämte Kerl sich wieder seinen Nägeln zu wand, auf denen er ständig herumzukauen schien, um sie dann gelegentlich wieder völlig ausdruckslos zu mustern und sie war froh, dass er ihre Gedanken, einmal Wachmann, immer Wachmann, nur die Gefangenen wechselten, nicht lesen konnte.

Manche mogelten sich einfach so durch die Zeiten.

Eine neue Uniform machte keinen neuen Menschen und in der deutschen Steuerbehörde, die seit kurzem die Rechte britischen Militärregierung übernommen hatte, wirkten Beamte, deren Uniformfarbe aus Chamäleonhaut zu bestehen schien und auch die neue Presse, die die Beschuldigungen verbreitete, bestand nicht nur aus Widerstandskämpfern, woher auch, obwohl jeder mit einem Male einen Juden versteckt oder heimlich Feindfunk gehört haben wollte, dachte Elsa bitter, als sie plötzlich Türen schlagen hörte, kräftiger als sonst und gegen die gewohnte Routine und jemand rief etwas, dass sie nicht verstand, ehe hektische Schritte durch die dunklen Gänge hallten und sogar der Wachmann ließ sie allein mit ihren Gedanken, um ein paar Minuten später in einer servilen Geste die Tür zu öffnen und den wohlgenährten Gefängnisdirektor mit seiner aschfahlen Miene, die keiner erklärenden Worte bedurfte, hereinzuführen und fast augenblicklich verschwamm die Welt vor ihren Augen und Else wusste, dass sie ihren Willi, ihren geliebten Türken, wie sie ihn in ihren fast verblichenen Liebesbriefen immer genannt hatte, nie wieder in die Arme schließen würde und auch keine der hilflosen Gesten des Leiters des Gefängnisses daran etwas ändern konnte und es war, als höre sie die Birken auf dem Waldfriedhof im Ostseewind rauschen.

Verdammt, dachte sie, verdammter Stolz.

(Anmerkung: Willi Derwisch war ein 1896 in Saloniki geborener Zigarettenfabrikant. Die Zigarettenfabrik Derwisch in Niendorf (Ostsee) wurde nach dem 2. Weltkrieg rasch Schleswig-Holsteins größter Arbeitgeber und Steuerzahler. Türkenstolz war eine der hergestellten Marken. Die Geschichte war Beitrag zum Literaturwettbewerb Timmendorfer Strand.)

Die peste Mammi der weld

Was für ein Abend.

Pils oder obergäriges Bier. Kölsch oder Alt. Später: weiß oder rot. Frankenwein oder Mosel. Hahaha, der Herr Brood mit seinem American Champagne.

Auf wie vielen endlosen Geschäftsessen habe ich schon mit meiner Weigerung, Alkohol zu trinken, für Gesprächsstoff gesorgt. Außer Cola hat der Herr Brood wohl keine Laster. Hahaha. Pause. Sie haben fünf Kinder? Aha. Sonstige Hobbys? Das ist ungefähr so witzig und abwechslungsreich wie die ständigen Diskussionen über den neuen 5er BMW oder andere Exemplare der Gattung Dienstwagen. Haben sie 4 oder 6 Zylinder? Einspritzer? Ledersitze? Profinavigation oder Standard? Wie sieht es mit Surround View aus? Bitte? Eine Kamera? Wir fahren privat einen VW-Bus, der hat noch nicht einmal einen Schminkspiegel. Nicht, das meine Frau sich oft schminkt, sie hält nichts davon und wenn sie weint, verläuft das Rouge sowieso. Früher hat sie öfter mal ihren Tränen freien Lauf gelassen. Gelegentlich vor Lachen, weil Kinder so witzig sein können, aber oft auch aus Wut oder Ohnmacht, wenn der Nachwuchs mal wieder mit dem ihnen eigenen Egoismus keinerlei Rücksicht auf die Bedürfnisse ihrer Mutter genommen hat. Vom Ehemann rede ich mal lieber nicht..

Und dann dieses unerträgliche schlauschwätzen bei Tafelspitz und Bocksbeutel. Wir müssen unsere Targets neu fokussieren. Kein Fingerpointing. Flags sind zu committen. Top down und Buttom up. Leck mich doch am Bottom. Mein neuer Chef ist Doktor der Physik. Es werden sowieso nur noch Doktoren eingestellt.

Demnächst benötigt man wahrscheinlich einen Titel, um Paletten von einem Lager in das andere zu stapeln oder das Werkstor zu öffnen: Dr. Pfört.! Lebt eigentlich dieser Konsul Weyer noch? Vielleicht sollte ich mal einen Titelhändler anrufen.

Mein Chef unterhält nicht nur unseren Tisch, sondern das ganze Lokal. Dem fränkischen Ehepaar am Nachbartisch schenkt er einen kostenlosen Crash – pardon - Schnellkurs in Wirtschaftstheorie. Wahrscheinlich hat er das Schild „Schankwirtschaft" missverstanden. Die biederen Alten hängen ihn am Mund. Da geraten die Neuigkeiten über Nachbarn Soundso oder die intrigante Frau XY rasch in den Hintergrund. Unser regionaler Vertreter Meiner hält derweil seine geübte Nase in den Wein und wiederholt unverfängliche Halbsätze aus dem nobelpreiswürdigen Repertoire meines Chefs. Später wird dieser sagen, dass der Meiner ein kluger Kopf sei.

Ich halte mich an einem Spezi fest und dezimiere das kostenlose Laugengebäck. Zum Abschluss noch einen Whiskey? Mit ey oder y? Single malt oder blend? Oder doch lieber einen Klaren? Ach, der Herr Brood trinkt ja nichts. Hahaha.

Dann ins Hotel. Ein Traum in Eiche rustikal. Das Bett ist hart wie ein Brett und stammt wie der Holzschnitt an der Wand aus dem 30jährigen Krieg. Die Kirchenglocke ist nur einen Steinwurf entfernt, aber ich habe nicht genug Steine, um sie alle fünfzehn Minuten zu bewerfen. Der Fernseher steht hinter einer Tür, hat eine defekte Fernbedienung und nur 10 Sender, von denen 6 regionale Varianten des Bayerischen Fernsehens sind. Dahoam is dahoam. Ich finde doch noch einen Privatsender mit praktischen Werbepausen. In einer davon rufe ich zuhause an. Meine zweitjüngste, Tinna, ist am Telefon. Wieso sie noch nicht im Bett sei, frage ich. Ein Schwall von Flüchen kommt mir entgegen. Sinngemäß wären alle ihre Geschwister Vollidioten und Mama würde sie nicht lieb haben. Ich frage nach meiner Frau. Die würde gerade Riikka, der blöden Kuh etwas vorlesen. Hörspielmama mit unterschiedlichen Stimmen und ausgefeilten Toneffekten. Und danach wird sie wieder im Kinderbett einschlafen. Das passiert meistens. Wir „verabreden" uns zum gemeinsamen Fernsehen, zwanzig Uhr fünfzehn, doch sie dämmert über Pettersson, Lotta oder Nils Holgersson ein, während ich mich durch die TV-Landschaft zappe. Es ist also wie immer, nur diesmal mit 600 Kilometern Entfernung zwischen uns. Sie kümmert sich um die Kinder und schläft dabei ein und ich schalte zwischen pro7 und RTL und selten arte.

Später ruft sie dann doch noch an. Wie denn mein Tag gewesen sei, fragt sie gleich. Ich berichte von Bier, 5er BMWs und meinem nervigen Chef. Ich höre sie gähnen. Interessiert dich wohl nicht, bemerke ich, ihre Müdigkeit falsch deutend und ziemlich sensibel. Eine Pause entsteht und ich beiße mir ein wenig zu spät auf die Zunge. Ich hatte auch einen tollen Tag, bemerkt sie dann emotionslos. Ich möchte meinen Fauxpas wieder gutmachen und hake nach. Sie berichtet davon, das Vigdis, unsere hochpubertierende mit Pille und Führerscheinvorvertrag, anstatt zur Schule, zu ihrem Freund gegangen sei und dies zu einem längeren Disput zwischen Mutter und Tochter geführt hätte, der mit einer knallenden Tür auf der einen und einer ganzen

Tafel Mandelschokolade auf der anderen Seite unentschieden ausgegangen wäre.

Aus dem Hintergrund höre ich Risto, unseren Sohn und angehenden Videospielprofi. Wo denn das verfickte Wireless-Lan-Ding sei. Das habe ich abgebaut, flüstert meine Frau, Risto sei computersüchtig. Wieder knallt eine Tür, ich spüre die Erschütterung durch das Telefon. Die Zargen hängen bei uns nur noch sehr lose im Mauerwerk. Der Putz bröckelt. Demnächst werde ich wohl eine Helm- und Schutzbrillenpflicht einführen müssen. Wie auf jeder guten Baustelle. Räume erst mal dein Zimmer auf, ruft meine Frau dem Sohn ungehört hinterher. Für gewöhnlich wartet der darauf, dass die Essensreste, die schmutzigen und sauberen Kleidungsstücke und der sonstige Unrat von selbst zum Leben erweckt werden und allein aus dem Raum spazieren. Meine Frau gähnt erneut. Diesmal passe ich auf. Ob es ein anstrengender Tag gewesen sei, frage ich mäßig intelligent. Sie nickt. Denke ich. Zu mehr reicht ihre Kraft nicht. Wir küssen uns durch das Telefon. Sie wird trotz aller Müdigkeit nicht mehr einschlafen können und ich gegen zwei aufwachen, wenn mir die Fernbedienung aus der Hand auf die altdeutschen Bodendielen fällt.

Am Morgen reißt mich die Toilettenbenutzung meines Chefs im Nachbarzimmer aus einem Traum, von dem ich weder meiner Frau noch meinen Kindern berichten werde. Danach kann ich nicht wieder einschlafen. Gut, das schon um halb fünf etwas im Fernsehen läuft. Nackte Silikonmodelle spielen Minigolf. Das passt. Kurz vor dem Frühstück stehe ich auf. Die Dusche ist ein Rinnsal und nur lauwarm, die Handtücher hart wie das Bett und dann habe ich mir noch eine falsche Krawatte eingepackt. Immerhin spielt sie „He is a jolly good fellow". Sollte ich mich mit ihr aufhängen, denke ich beim Blick in den Spiegel. Ein riesiges Auge blickt mich aus der mitleidslosen Pickellinse an. Frustesser, doch während meine Frau immer hübscher wird, lege ich nur um die Hüften zu.

Zum Frühstück geht es in den fränkischen Schankraum. Noch mehr Eiche, furniert. Eine junge Frau im landesüblichen Dirndl und mit sächsischem Dialekt serviert Kaffee, der Tote weckt, staubige Semmeln und glibberige Eier. Die Kollegen fachsimpeln bereits über die neue A-Klasse und italienische Obstbrände. Der Vertreter grabscht der Bedienung unter dem Vorwand, einen Zettel aus dem Block an ihrem Gürtel haben zu wollen, an den Po. Was für ein Weltmann. Mein Chef doziert wieder über Benefits und Shareholder value. Who cares, denke ich. Ich bin hier so was von falsch. Und: Steckt Denglish eigentlich an?

Vor der Abfahrt zu unserem Kunden telefoniere ich mit der Heimat. Die Jüngste ist am Telefon. Wieso sie denn schon wach sei, frage ich. Mama hat kein Shampoo mehr, lautet die interessante Antwort. Ich höre das Knistern und Knacken des Kamins. Auf dem Tisch werden von meiner Frau gebastelte Windlichter aus Wachspapier stehen. Sie hat den Kindern, die sie gestern noch zur Weißglut getrieben haben, unterschiedliche Tees gekocht, belegte Brote mit Paprika und Apfelstücken angerichtet, Pausenbrote geschmiert und so gut verpackt haben, dass man auch morgen noch kraftvoll in sie zubeißen kann, denn wenn sie sie nicht noch selbst in die Schultasche legt, werden sie garantiert vergessen.

216

Als wir gerade bei unserem Kunden auf das Firmengelände einbiegen, erinnert mich ein unbekannter Klingelton daran, die Kinder zu ermahnen, nicht immer an meinem Handy herumzuspielen. Und daran, es lautlos zu stellen. Nichts ist schöner, als wenn in der Geschäftsbesprechung „Fang mich doch, du Eierloch" erklingt. Meine Frau möchte mir einen schönen Tag wünschen. Mein Chef neben mir hemmt mich, irgendwas Liebes zu säuseln. Ich frage sie, was denn heute so anliegen würde: Ach nichts, sagt sie, Business as usual. Ich stutzte. Hat sie was mit meinem Vorgesetzten? Im Keller stapeln sich die Wäscheberge, fährt sie fort, Risto muss zum Arzt, dann ein Behördentermin, wenn sie es schafft, soll ihr die Zahnärztin endlich eine Plombe ersetzen, die neulich herausgefallen ist. Mittags müsse sie Vigdis aus der Schule holen und zu einem anderen Arzt bringen, vorher Tinna aus dem Kindergarten abholen und dort eine Tonne Wäsche zum turnusmäßige Wäschewaschen einsacken, obwohl die Maschine defekt ist. Ach ja, den Monteur anrufen. Dann Mittagessen kochen, Sinikka hätte sich Pfannkuchen gewünscht. Die mag Tinna doch nicht, wende ich ein und meine Frau, die Köchin, bestätigt, dass es deswegen auch noch Grießbrei gebe. Am Nachmittag das Übliche, fährt sie fort, zum Handball hin, einem Nachbarn im Garten helfen, vom Handball her. Klavier, Flöte. Mama Taxi. Die Steuer müsse sie auch noch machen, zumindest die Unterlagen sortieren. Außerdem hätte die Bank wieder angerufen. Der Dispo sei überzogen. Wenn du nach Hause kommst, bin ich mit Tinna beim Reiten, verabschiedet sie mich fröhlich zum Kundengespräch. Ich bin mir selbst peinlich. Jammere über Tafelspitz und Cola, während sie das Chaos besiegt. Wer hier der Held der Arbeit ist, dürfte klar sein.

Das Gespräch wird eine Fortsetzung des gestrigen Abendessens, nur das die Tischplatte diesmal aus Mahagoni und die Bedienung eine Sekretärin in Minirock ist, die mich an die Minigolfspielerinnen des frühen Morgen erinnert. Nach der üblichen Einleitung – wie war die Reise; welches Navigationssystem haben sie, oho, BMW professionell – doziert Cheffe über die Weltwirtschaft und die Gründe, warum man für unsere regelmäßig zu spät eintreffenden Produkte trotz schlechtem Service demnächst mehr bezahlen muss. Dazu gibt es literweise Kaffee und bröckelige Kekse. Mein Part beschränkt sich auf gelegentliches Nicken und dem Nachgehen eigener Gedanken: Was mache ich hier? Warum bin ich? Wer hat eigentlich die Thermoskanne erfunden?
Der Einkaufsleiter schwitzt. Meine Hose spannt im Bund. Ich blicke verstohlen zur Uhr. Meine Frau wird gerade in irgendeinem Wartezimmer die Bunte lesen, Staub saugen oder die Fenster putzen, was ich eigentlich hätte erledigen sollen, aber wegen der Reise nicht mehr geschafft habe. Vielleicht findet sie zumindest Zeit fürs Walking oder ein paar Sonnengrüße. Die Glückliche. Mir wird die Aufgabe übertragen, eine Aufstellung über die Rohstoffkosten zu fälschen, um den Kunden zu betrügen. Zum Abschluss des Besuchs ein paar Gedanken zur Zeit und zum Bocksbeutel. Das war's. Ein anstrengender Besuch, werde ich morgen zur Rechtfertigung von ein paar Hundert Euro Kost und Logis übertreiben.

Die Rückfahrt habe ich für mich allein, mein Doktor muss mit dem Flugzeug weiter nach Italien. Ich fahre den Wagen zurück nach Hamburg. 5er, mit Navi und Ledersitzen. Dröhnende Bässe aus der Kennwood-Anlage. Unterwegs Burger King statt Pfannkuchen oder Griesbrei. Zwischen Hildesheim und Hannover fliege ich mit 230 Sachen über die Autobahn. King of the road. Darf ich gar nicht erzählen. Während des Landanflugs auf Hamburg ruft meine Frau an. Sie freut sich, wie weit ich schon bin. Sie selbst wäre nachher beim Voltigieren. Ich solle nicht entsetzt sein. Das Schlafzimmer sei noch nicht aufgeräumt, sie packe die Wäsche später weg. Ich bin dann auch gar nicht entsetzt, da Riikka bei meiner Rückkehr damit beschäftigt ist, die Wäsche zwar gutwillig, aber dennoch falsch zusammenzulegen. Richtig wird sich später meine Frau dann über ihre Hilfe ärgern, die Tochter loben – und alles noch mal machen.

Wie es war, fragt sie, als endlich ein wenig Ruhe einkehrt. Ich sage „frag nicht", deute komplexe Themen wie falsche Berufswahl und Zukunftsängste nur an. Wie es ihr ginge, fällt mir gerade noch ein zu fragen. Sie setzt sich mit einer Tafel Schokolade zu mir und kuschelt sich an mich. Ich greife nach der Fernbedienung. Von irgendwoher klingt Kinderge-schrei. Jemand schlägt zu, Türen krachen. Alles wie immer. Wie sie das aushält, frage ich meine Frau. Sie greift hinter sich und zeigt mir statt einer Antwort ein Gemälde. „Für die peste Mammi der weld" steht da in krakeliger Handschrift unter einem dicken Pferd mit Schnurrbart. Kann auch eine Blume mit Augenklappe sein. Schön, dass du wieder da bist, murmelt die peste

Vrau der weld noch – und schläft ein, während ich mich durch unsere 42 Fernsehsender samt 6 Varianten von N3 zappe und eines unserer Kinder den ganzen Kram aus ihrem Zimmer vor Wut aus dem Fenster wirft. Mama hat nicht vorgelesen. Nie machst du was mit uns, höre ich noch, ihr habt uns gar nicht lieb. Und Grießbrei schmeckt nach Kleister.

Was für ein Abend.